참가선수 24

북극곰
화식조
붉은캥거루
알래스카불곰
시베리아호랑이
바다코끼리
하마
바다악어
늑대

들어가며

각종 운동 경기나 무술 대회, 그리고 역사 소설에는 시대별 명승부가 있습니다. 또 '세기의 대결'이라고 할 만한 박진감 넘치는 승부도 종종 벌어집니다. 《삼국지》에서는 마초와 장비, 《십자군 전쟁 이야기》에서는 사자왕 리처드와 술탄 살라딘이 치열하게 싸웠죠.

이런 영웅호걸은 자주 사자나 호랑이에 비유됩니다. 그렇다면 진짜 동물 세계의 맹수들이 맞붙어 힘을 겨룬다면 어떻게 될까요? 어느 쪽이 승리를 거둘까요?

지금부터 이 책에서는 동물의 세계에서 힘과 용기를 자랑하는 맹수들이 일대일 대결을 벌여 승자끼리 또 싸우는 토너먼트 경기를 치르게 됩니다. 정말 손에 땀을 쥐게 하는 장면이 나올 것 같지 않은가요?

하지만 이 책에 나오는 대결은 현실에서 진짜 일어나기는 힘듭니다. 어디까지나 가상으로 경기를 벌인 것일 뿐 실제로는 사는 곳도 다르고 딱히 크게 싸울 이유도 없으니까요. 동물들은 배가 고프거나 자기가 사는 곳에 쳐들어오거나 목숨을 빼앗길 상황이 아니면 서로 피하거든요. 그렇지만 싸움 자체는 동물에 관한 정확한 지식과 정보를 바탕으로 묘사했습니다. 그것만은 보장합니다!

— 감수·Saneyoshi Tatsuo
(동물학자 겸 동물 전문 작가)

최강동물

- 준결승-1
  - 준준결승-1
    - 2회전-1: 알래스카불곰
      - 1회전-1: 사자 vs 코모도왕도마뱀
    - 2회전-2: 시베리아호랑이
      - 1회전-2: 백상아리 vs 바다악어
  - 준준결승-2
    - 2회전-3: 아프리카코끼리
      - 1회전-3: 흰코뿔소 vs 치타
    - 2회전-4: 멧돼지
      - 1회전-4: 붉은캥거루 vs 화식조

004

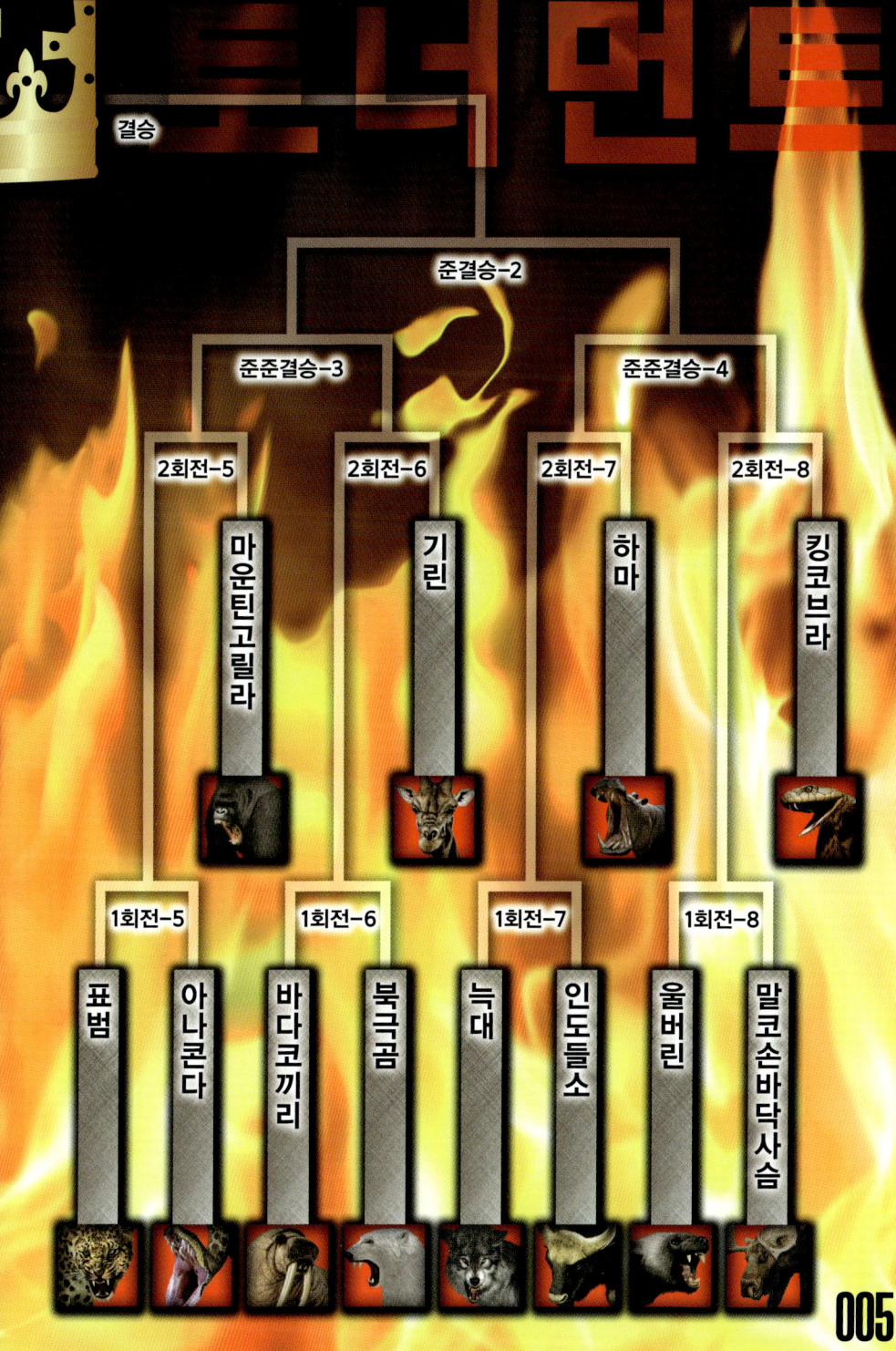

제1장 1회전 대결 상대

제3장 준준결승

준준결승-1 96쪽
? VS ?
2회전-1의 승자 VS 2회전-2의 승자

준준결승-2 100쪽
? VS ?
2회전-3의 승자 VS 2회전-4의 승자

준준결승-3 106쪽
? VS ?
2회전-5의 승자 VS 2회전-6의 승자

준준결승-4 110쪽
? VS ?
2회전-7의 승자 VS 2회전-8의 승자

제4장 준결승·결승

준결승-1 118쪽
? VS ?
준준결승-1의 승자 VS 준준결승-2의 승자

준결승-2 122쪽
? VS ?
준준결승-3의 승자 VS 준준결승-4의 승자

결승 130쪽
? VS ?
준결승-1의 승자 VS 준결승-2의 승자

기타 차례

- ○ 규칙 ··· 10
- ○ 본문 보는 법 ·· 11
- ○ 용어집 ·· 136
- ○ 동물 정보 ··· 138

시범 경기

| 시범 경기 1 | 향유고래 vs 범고래 ······································· 90
| 시범 경기 2 | 검독수리 vs 수리부엉이 ······························· 114

랭킹 조사

| 랭킹 1 | **체격** ··· 50
| 랭킹 2 | **체력** (힘, 지구력) ··· 70
| 랭킹 3 | **두뇌·능력** (지능, 공격력, 방어력) ················· 92
| 랭킹 4 | **스피드** (속도, 순발력) ····································· 104
| 랭킹 5 | **포악성** ··· 116

동물 칼럼

| 동물 칼럼 1 | 엄니의 실제 크기 ······································· 30
| 동물 칼럼 2 | 생활에 따라 다른 발톱 모양 ···················· 48
| 동물 칼럼 3 | 종이 같아도 다른 몸크기 ·························· 68
| 동물 칼럼 4 | 특별한 무기를 가진 동물 ·························· 88
| 동물 칼럼 5 | 사라진 최강 동물 ······································ 126

규칙

1 대결 상대는 엄격한 추첨을 통해 정해진다.

2 참가 동물은 그 종족 중 일반적 크기의 수컷으로 한다.

3 몸크기와 무게 등에서 한쪽 동물이 불리해도 딱히 어떤 이점이나 제약을 주지 않는다.

4 대결 상대로 누가 나오든 처음부터 싸우지도 않고 도망가는 일은 없기로 한다.

5 싸움 장소는 동물들이 실제 사는 곳과는 관계 없이 정해질 수 있다. 어떤 동물도 장소 때문에 불리해지지는 않는 것으로 한다.

6 날씨가 지나치게 나쁠 때는 싸우지 않는 것으로 한다.

7 대결은 낮에 벌어진다. 단 야행성 동물(밤에 움직이는 동물)도 싸우는 데 불리해지지 않는다.

8 싸움 중 동물들의 행동에 제한은 없다.

9 대결은 승패(이기고 짐)가 정해질 때까지 시간 제한 없이 치러진다. 단 한쪽이 너무 큰 상처를 입거나 도망가면 끝난다.

10 그 전의 싸움에서 입은 상처와 피로가 다음 대결에 영향을 주지 않는다.

대결 무대

싸움 장소는 초원, 숲, 습지, 물속 등 다양하다. 되도록 양쪽 다 실력을 발휘할 수 있는 곳으로 정한다. 또 기온과 물 온도는 동물의 움직임에 영향을 주지 않는 것으로 한다.

승패 결정

상대를 더 이상 싸울 수 없게 만들든지, 큰 실력 차이를 보여 도망가게 하면 승리. 독에 중독되고 피를 흘리고 치명적인 한 방을 맞았어도 먼저 승리 조건을 채우면 승자가 된다.

여러 장소에서 벌어지는 불꽃 튀는 대결!

최종 승자는 과연 어떤 동물?

본문 보는 법

대결 동물 기본 정보

❶ **경기 번호**: 몇 회째의 대결인지 나타낸다 ❷ **대결 동물 이름** ❸ **성인 남성과의 비교**: 일반적인 성인 남성(170cm)과 동물의 크기를 비교한다 ❹ **정보**: 생물학적 계통, 서식지(사는 장소), 먹는 음식, 몸크기(자세한 측정법은 136페이지 '용어집' 참고, 동물의 몸무게 ❺ **거미줄 도표**: 포악성(사나운 정도), 순발력(순간적인 힘이나 빠르기), 스피드, 방어력(공격을 막는 힘), 공격력, 지능, 지구력(오래 버티는 힘), 힘을 10단계로 평가해 한눈에 볼 수 있게 했다 ❻ **첫 등장 시**: 동물의 기본 생활 방식과 무기 등을 설명한다 / **2회전 이후**: 지난 대결에서 어떻게 이겼는지 되짚어 본다

싸움 장면

❼ **대결 장소**: 규칙에도 있듯이 두 동물이 서로 불리하지 않는 장소로 정한다
❽ **배틀 씬**: 싸우는 장면을 설명한다   ❾ **LOCK ON!**: 싸움에서 중요한 장면을 확대해서 보여 준다

●이 책의 목적은 동물들을 서로 싸우게 만드는 것이 아니라 대결을 통해 동물들의 성질과 특징을 알고 순수하게 동물마다 어떤 능력이 강한지 알아보려는 것입니다.

●이 책에 나온 싸움 장면은 동물들을 실제 싸우게 해 얻은 기록이 아닙니다. 싸움 결과도 항상 이렇게 나온다는 것이 아니고 각 동물의 능력을 따져 보아 가상 대결을 벌이게 한 것입니다.

●거미줄 도표에서 보이는 능력이 비슷한 경우 컨텐츠 개발팀이 판단해 랭킹을 매겼습니다.

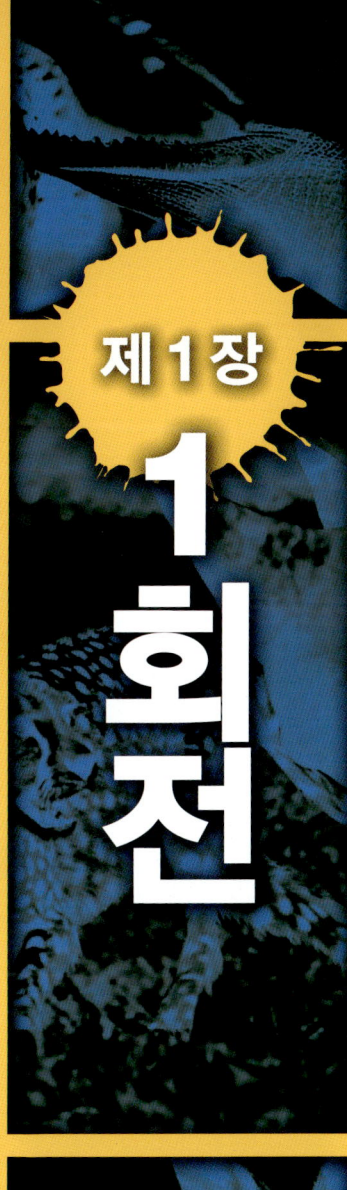

제 1 장

1회전

1회전-1

성인 남성과의 비교

초원의 절대 강자
사자

분류	>>>	식육목 고양잇과 표범속
서식지	>>>	아프리카 중부~남부, 인도 남부
식성	>>>	육식(포유류, 조류, 어류 등)
몸크기	>>>	몸길이 140~250cm 꼬리 길이 65~105cm
체중	>>>	120~250kg

능력치: 힘, 포악성, 순발력, 스피드, 방어력, 공격력, 지능, 지구력

아프리카 초원의 지배자

고양잇과 동물 중 어깨가 가장 높다. 길고 튼튼한 발은 시속 60km로 달릴 뿐 아니라 싸울 때 영양 같은 큰 사냥감도 한번에 때려눕히는 힘을 발휘한다. 사자 무리에서 사냥은 주로 암컷이 하고 수컷은 도전해 오는 다른 수컷과 싸우거나 동료를 지킨다. 계속 나타나는 도전자를 때려눕혀 왕의 자리를 지키는 것이야말로 사자가 살아가는 방식이다!

1 날카로운 송곳니와 강한 턱

사자의 송곳니는 약 8cm, 날카로운 송곳니를 사냥감의 몸에 꽂아 넣어 강력한 턱으로 목과 척추를 한번에 물어 으깨 버린다.

2 엄청난 힘을 가진 앞발

앞발에는 4개의 날카로운 발톱과 며느리발톱(사람의 엄지에 해당하는 부분)이 있다. 며느리발톱 덕분에 강한 사냥감도 꽉 누를 수 있다.

살아남은 마지막 공룡
코모도왕도마뱀

분 류 >>>	뱀목 왕도마뱀과 왕도마뱀속
서식지 >>>	인도네시아 (코모도 섬, 린차 섬, 플로레스 섬 등)
식 성 >>>	육식(포유류, 동물의 시체 등)
몸크기 >>>	전체 길이 200~310cm
체 중 >>>	70~160kg

치명적인 독을 가진 거대 도마뱀

도마뱀 중에서 가장 무거운 코모도왕도마뱀은 사슴이나 물소같이 큰 동물까지 잡아먹고, 자기가 사는 곳에서 최강의 포식자다. 사냥할 때는 움직이지 않고 기다리다 눈앞을 지나가는 사냥감에게 갑자기 달려든다. 날카롭고 뾰족한 발톱과 나무통같이 두꺼운 꼬리도 강력한 무기지만 가장 무서운 건 사냥감의 힘을 서서히 빼앗아 가는 물기 공격. 독이 온몸에 돌면 사냥감은 더 이상 살아날 길이 없다!

1 물리면 끝, 패혈증 독!

상어같이 날카로운 이빨이 많은 입안에는 부패균이 살아 한번 물리면 패혈증이 일어나서 죽게 된다.

2 위협적인 질주력

날카로운 발톱이 나 있는 발은 생각보다 빨라 시속 18km의 속도로 달릴 수 있다. 단, 그다지 먼 거리는 뛸 수 없다.

배틀 씬 2

사자가 꼼짝 못하게 누른다!

몸에서 피가 흘러 움직임이 둔해진 코모도왕도마뱀에게 사자가 달려든다. 사자는 다른 적과 싸울 때처럼 앞발로 상대를 붙잡고 숨통을 끊으려 한다.

결판을 짓고자 달려드는 사자!

LOCK ON!

힘센 앞발
사자는 얼룩말도 때려 눕히는 괴력의 소유자. 이렇게 되면 코모도왕도마뱀은 꼼짝달싹 못한다.

LOCK ON!

배틀 씬 3

초원의 왕이 이름값을 하며 승리!

코모도왕도마뱀을 힘차게 깔고 뭉개 움직이지 못하게 한 사자가 목을 덥석 문다. 그대로 승리를 자랑하듯 코모도왕도마뱀을 들어 올린다. 동물의 왕이라 불리기에 걸맞은 완벽한 승리다.

사자의 승리!

017

1회전-2

성인 남성과의 비교

피에 굶주린 바다의 괴물

백상아리

- **분　류** >>> 악상어목 악상어과 백상아리속
- **서식지** >>> 아열대부터 아한대까지의 전 세계 바다
- **식　성** >>> 육식(어류, 포유류 등)
- **몸크기** >>> 전체 길이 400~800cm
- **체　중** >>> 700~2300kg

힘 / 포악성 / 순발력 / 스피드 / 방어력 / 공격력 / 지능 / 지구력

영화 〈조스〉의 주연 배우

사냥감을 물고 늘어지는 강인한 턱 때문에 영화 〈조스〉의 주인공으로 뽑힌 바다의 난폭왕. 조스는 턱이라는 뜻이다. 35km나 떨어져 있는 사냥감의 냄새도 기가 막히게 맡아 달려들며 한번 물면 놓치지 않는다. 작은 배에 박치기를 해 바다로 떨어진 사람에게 달려들기도 하기 때문에 백상아리가 나타났다면 재빨리 달아나야 한다!

1 이빨 개수도 공포 그 자체

최대 3,000개 정도에 모양은 날카로운 삼각형, 길이도 최대 7.5cm나 된다. 입가를 쭉 둘러 이빨이 톱니처럼 나 있어 먹이의 살을 찢는 데 적합하다.

2 뛰어난 순발력과 빠른 속도

보통 때는 느릿느릿 헤엄치지만 사냥감을 덮칠 경우는 시속 24km의 속도로 달려든다. 물 위로 뛰어올라 새를 공격할 때도 있다.

호시탐탐 사냥감을 노리는 물속의 공포
바다악어

분 류	악어목 크로커다일과 크로커다일속
서식지	동남아시아, 오스트레일리아 주변
식 성	육식(포유류, 조류, 어류 등)
몸크기	전체 길이 500~700cm
체 중	450~1000kg

무시무시한 인상파 파충류

세계에서 가장 큰 악어. 물속에서 기다리다 물을 마시러 온 사냥감을 낚아채 먹어 버린다. 다가오는 모든 동물에 달려드는 포악한 성질로 무는 힘은 난폭한 공룡인 티라노사우루스에 맞먹는다고 한다. 필살기는 돌면서 사냥감의 살을 물어 찢는 '데스 롤'. 아무리 큰 동물이라도 악어에게 꽉 물려 데스 롤을 당하면 그저 먹잇감이 될 뿐이다.

1 크고 억센 턱

아프리카에서 실시한 실험에 의하면 바다악어의 무는 힘은 사람의 스무 배 정도에 달하는 엄청난 괴력이라고 한다.

2 두껍고 강력한 꼬리

근육질의 꼬리도 큰 파괴력을 지녔다. 꼬리를 내리치듯 움직이며 기세 좋게 물속에서 뛰어올라 사냥감에게 덤벼든다.

1회전-2

대결 장소 얕은 여울

체격은 거의 비슷하지만 물속에서는 백상아리가 더 민첩하다. 그러나 튼튼함에서는 비늘로 덮인 바다악어가 한 수 위다. 둘의 싸움에서 승부처는 어디인가?

물어뜯기

상대가 몸집이 크면 조금씩 물어뜯어 상처를 내 피를 흘리게 한다. 그렇게 상대의 힘을 빼는 것이 백상아리의 싸움 방식이다.

계속 물어뜯는 백상아리!

LOCK ON!

배틀 씬 1

백상아리의 빠른 치고 빠지기

바다악어도 헤엄을 잘 치지만 물속에서는 백상아리가 더 빠르다. 백상아리는 유유히 헤엄쳐 다니다가 방심한 틈을 노려 바다악어의 몸과 꼬리를 물어뜯는다.

1회전-3

무차별 돌진 탱크
흰코뿔소

- 분류 >>> 말목 코뿔솟과 흰코뿔소속
- 서식지 >>> 아프리카 중부~남부
- 식성 >>> 초식(주로 풀)
- 몸크기 >>> 몸길이 340~420cm 몸높이 150~190cm
- 체중 >>> 1400~3600kg

화나면 보이는 게 없는 망나니

온몸이 갑옷같이 두꺼운 피부로 싸여 있으며 코끝에 솟은 2개의 뿔이 위협적인 초식동물. 새끼를 지키거나 영역 다툼을 할 때 이 뿔은 엄청난 무기가 된다. 2톤 이상의 큰 몸이 가진 파괴력도 무시무시해 자동차나 작은 집 정도는 쉽게 부숴 버린다. 초식동물이지만 성질이 상당히 제멋대로라 종종 갑자기 미친 듯이 날뛰기도 한다.

1 트레이드마크인 큰 뿔

막 태어났을 때는 뿔이 없지만 크면서 뿔이 자란다. 뿔은 사람의 손톱이나 머리카락과 성분은 같지만 뼈같이 딱딱하고 최대 150cm까지 자란다.

2 압도적인 체력

코끼리 무리에 돌격하기도 하고, 자동차를 뒤쫓아 달리기도 한다. 자동차를 쫓아 무려 6km나 달렸다는 기록도 있을 정도로 체력이 엄청나다.

성인 남성과의 비교

세상에서 가장 빠른 사냥꾼
치타

분류	>>>	식육목 고양잇과 치타속
서식지	>>>	아프리카, 이란 북부
식성	>>>	육식(포유류, 조류, 어류 등)
몸크기	>>>	몸길이 110~150cm 꼬리 길이 60~90cm
체중	>>>	40~70kg

땅 위에서 가장 빠른 발

동물들끼리 달리기 시합을 벌인다면? 승자는 바로 치타가 된다! 뛰기 시작하면 3초 만에 최고 속도인 100km 이상에 다다른다. 사냥을 할 때는 덤불 사이에 숨어 살며시 사냥감에게 다가가 거리가 가까워지면 순식간에 달려든다. 평소엔 영양 같은 동물을 노린다. 스피드 왕 치타에게 걸리면 어떤 동물도 느려 터진 먹잇감에 지나지 않는다!

1 스파이크 역할을 하는 발톱

압도적인 순발력이 치타의 최대 무기. 갈고리 모양의 발톱으로 땅을 힘껏 붙을 수 있다. 다른 고양잇과 동물들같이 발톱을 넣었다 뺐다 할 수는 없다.

2 목을 물어 숨통을 끊는 턱

고양잇과 육식동물로 몸집에 비해 머리가 작고, 물어뜯는 힘도 강하지 않다. 사냥할 때는 먹잇감의 목을 물고 늘어져 질식시킨다.

1회전-3

대결 장소 초원

무려 오십 배가 넘는 체중 차이. 체격과 힘만 보면 흰코뿔소가 압도적으로 유리하다. 땅 위에서 가장 빠른 치타의 스피드가 어디까지 통할까?

배틀 씬 1
치타가 일방적으로 계속 공격하지만…

평상시 작은 사냥감만 상대하던 치타에게 덩치 큰 코뿔소는 힘든 상대? 날카로운 엄니로 물어뜯는 공격이 통하지 않자 치타는 요리조리 움직이며 흰코뿔소를 할퀴지만 전혀 타격을 입히지 못하는 듯하다.

갑옷 입은 거대한 체구에 맞서는 치타

LOCK ON!

발톱을 박아 넣으며 공격
치타의 발톱은 날카롭지만 상대적으로 가는 앞발은 흰코뿔소의 피부를 찢기에는 역부족인 듯하다.

024

1회전-4

성인 남성과의 비교

무시무시한 근육질 킥복서

붉은캥거루

분 류	>>>	유대목 캥거루과 캥거루속
서식지	>>>	오스트레일리아
식 성	>>>	초식(풀의 잎, 나무뿌리, 버섯 등)
몸크기	>>>	몸길이 75~160cm 꼬리 길이 65~120cm
체 중	>>>	17~90kg

힘 · 포악성 · 순발력 · 스피드 · 방어력 · 공격력 · 지능 · 지구력

연속 펀치와 킥의 명수

동물계에서 상위권의 점프력을 자랑하는 붉은캥거루는 온몸이 근육 덩어리다. 꼬리도 굵은 근육이라 꼬리만으로 몸을 지탱할 수 있다. 동료와 힘겨루기를 할 때는 꼬리로 균형을 잡아 연속으로 펀치와 양발 킥을 날린다. 그 힘은 성인 어른을 가볍게 날려 버릴 정도지만 그걸 맞고도 서로 아무렇지도 않게 계속 싸우는 싸움꾼이다.

1 용수철 같은 뒷발

몸에 비해 뒷발이 크고 힘도 세다. 점프하면서 가는 독특한 달리기 방법은 최고 시속 60km에 달하며, 한번 뛰면 8m나 갈 수 있다.

2 날카로운 발톱이 있는 앞발

뒷발에 비하면 앞발은 작지만 끝에 날카로운 발톱이 있다. 동료와의 힘겨루기만이 아니라 다른 맹수와의 싸움에도 유용하다.

세상에서 가장 무서운 새
화식조

분　류 >>>	타조목 화식조과 화식조속
서식지 >>>	인도네시아, 뉴기니, 오스트레일리아 북동부
식　성 >>>	잡식(과일, 곤충 등)
몸크기 >>>	전체 길이 130~190cm
체　중 >>>	30~85kg

새라고는 믿기지 않는 킥의 대가

하늘은 못 날고 다리 힘이 발달했다. 새인데 다리가 굉장히 굵고 두꺼우며 시속 50km로 달릴 수 있다. 대단히 난폭한 성격으로 적을 만나면 단단한 부리 쪼기와 강력한 킥으로 무자비하게 공격해 댄다. 그 공격력은 두꺼운 나무판자를 쪼갤 정도다. 화식조에게 걸리면 대다수 동물은 피투성이가 될 것이다. '세계에서 가장 위험한 새'로 《기네스북》에도 실렸다.

1 칼과 같은 발톱

3개의 발가락 끝에 길이 12cm나 되는 발톱이 붙어 있다. 시속 50km로 달리는 스피드와 이 발톱에 걸리면 어떤 동물도 무사할 수 없다.

2 단단하고 날카로운 부리

부리가 독수리나 매 같이 날카롭지는 않지만 매우 크고 단단하다. 힘껏 쪼인다면 마치 망치로 맞은 것 같은 충격을 받을 것이다.

밀리던 붉은캥거루는 앞발로 상대의 목을 감싸 안고 물어뜯으며 반격! 붉은캥거루의 힘은 의외로 강해 화식조는 빠져나오기가 힘들다.

배틀 씬 2
킥 공격을 주고받으며 가까이에서 싸운다!

붉은캥거루가 덥석 물어뜯었다!

물기
붉은캥거루는 자기들끼리 싸울 때에도 종종 서로를 물어뜯는다. 엄니가 발달하지 않은 초식동물이지만 얕잡아 볼 수 없는 힘이 있다.

배틀 씬 3
부리 쪼기로 상황을 뒤집은 화식조가 킥으로 승리!

붉은캥거루에게서 빠져나오려고 화식조가 부리로 공격. 붉은캥거루가 주춤하는 사이 화식조는 다시 킥을 계속 날려 상대를 누르고 승리를 거두었다.

화식조의 승리!

동물 칼럼 1

엄니의 실제 크기

엄니는 사냥감을 쓰러뜨리거나 먹을 것을 찾기 위해 크고 날카롭게 발달한 포유류의 이빨을 말한다. 여기서는 토너먼트에 참가한 동물들의 엄니 중에서 대표적인 것을 실제 크기순으로 보여 준다. 각각의 크기와 특징을 비교해 보자.

비교 그림

성인 남성 | 흰코뿔소 | 하마 엄니 | 아프리카코끼리 엄니

백상아리
(위턱: 약 4cm)

3,000개 정도의 이빨이 줄지어 나 있다. 앞줄의 이빨이 빠지면 뒤쪽 이빨이 밀려 나온다.

늑대
(송곳니: 약 4cm)

위아래 앞니로부터 네 번째 이빨(송곳니)이 특히 크다. 평생 한번만 다시 난다.

바다악어
(아래턱: 약 5cm)

큰 입에 비해 개수는 72개로 그리 많지 않다. 아래턱의 앞니에서 네 번째 이빨이 특히 크며 입을 닫고 있어도 밖으로 튀어나온다.

사자
(송곳니: 약 6cm)

위아래 앞니로부터 네 번째 이빨이 송곳니. 호랑이와 더불어 고양잇과에서 송곳니가 가장 크다.

하마
(아래턱 송곳니: 약 40cm)
평생 자라고, 길이는 평균 40~50cm다. 먹는 동안 적당한 길이로 갈린다. 동물원에서는 짧게 잘라 준다.

아프리카코끼리
(엄니: 약 2m)
암컷도 엄니가 발달하는 종이 있지만 대부분 수컷의 엄니가 더 많이 자란다. 평생 자라며 3m 이상으로 커졌다는 기록도 있다.

1회전-5

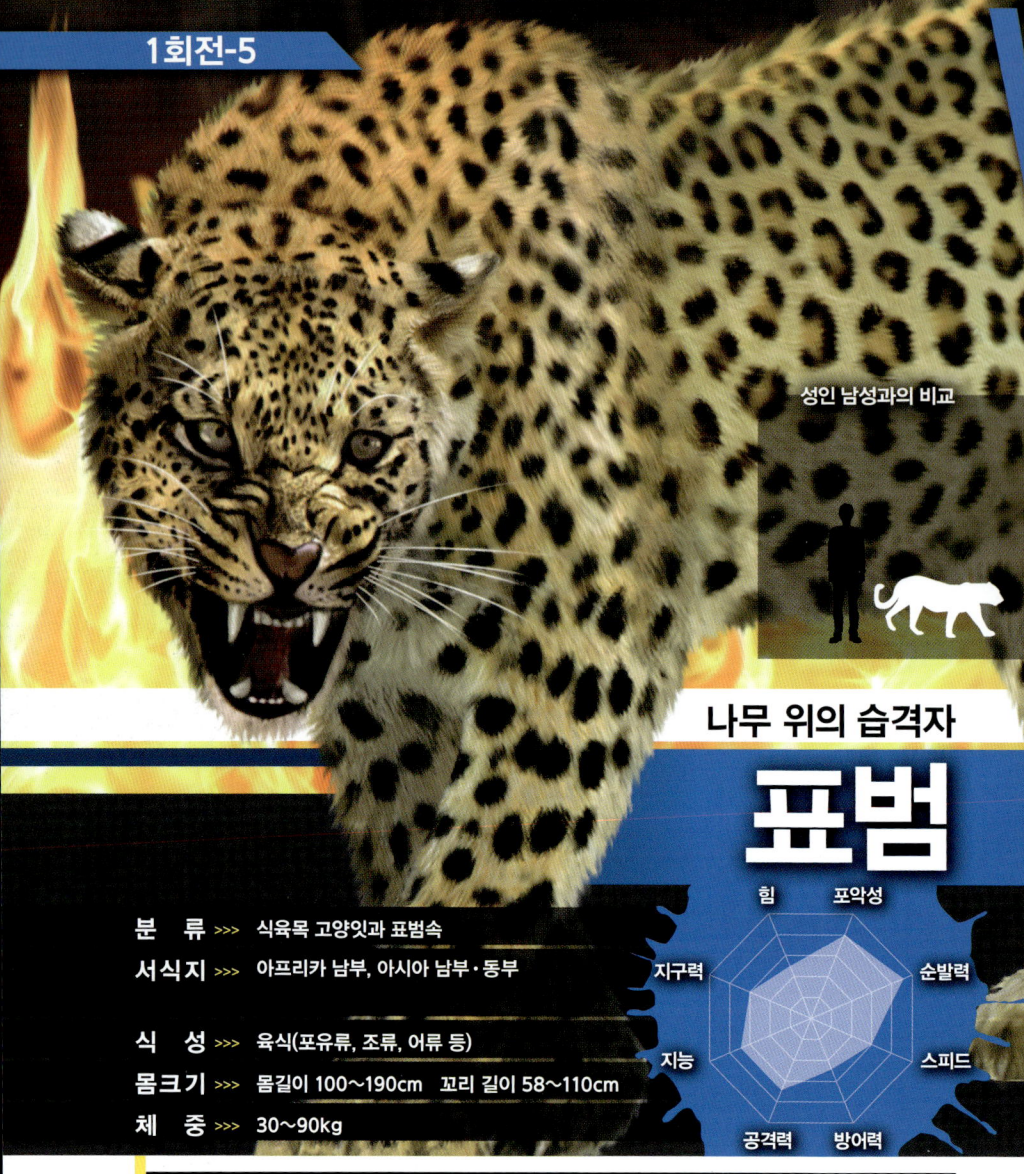

성인 남성과의 비교

나무 위의 습격자
표범

- 분　류 >>> 식육목 고양잇과 표범속
- 서식지 >>> 아프리카 남부, 아시아 남부·동부
- 식　성 >>> 육식(포유류, 조류, 어류 등)
- 몸크기 >>> 몸길이 100~190cm 꼬리 길이 58~110cm
- 체　중 >>> 30~90kg

힘 / 포악성 / 순발력 / 스피드 / 방어력 / 공격력 / 지능 / 지구력

기습 공격의 대가

털가죽의 반점 모양은 고성능 위장복의 효과를 내서 표범의 모습을 잘 숨겨 준다. 이렇게 표범은 모습을 감춘 채 소리 없이 사냥감에게 다가가 엄니를 목에 박아 넣는다! 나무도 잘 타서 나무 위에 숨어 기다리다가 지나가는 동물을 갑자기 덮치는 것도 주특기. 사냥감은 전혀 눈치 채지 못하고 있다 순식간에 죽임을 당한다. 조용한 암살범, 그것이 표범의 진정한 정체다.

1 날카로운 발톱
앞발에 있는 날카롭고 뾰족한 5개의 갈고리 모양 발톱으로 먹잇감의 살을 잡고 찢는다. 나무를 탈 때도 도움이 된다.

2 탄력 있고 힘센 몸
힘이 무척 세서 자기 체중과 같은 무게의 먹잇감을 문 채로 나무에 올라가 위로 끌어 올릴 수 있다.

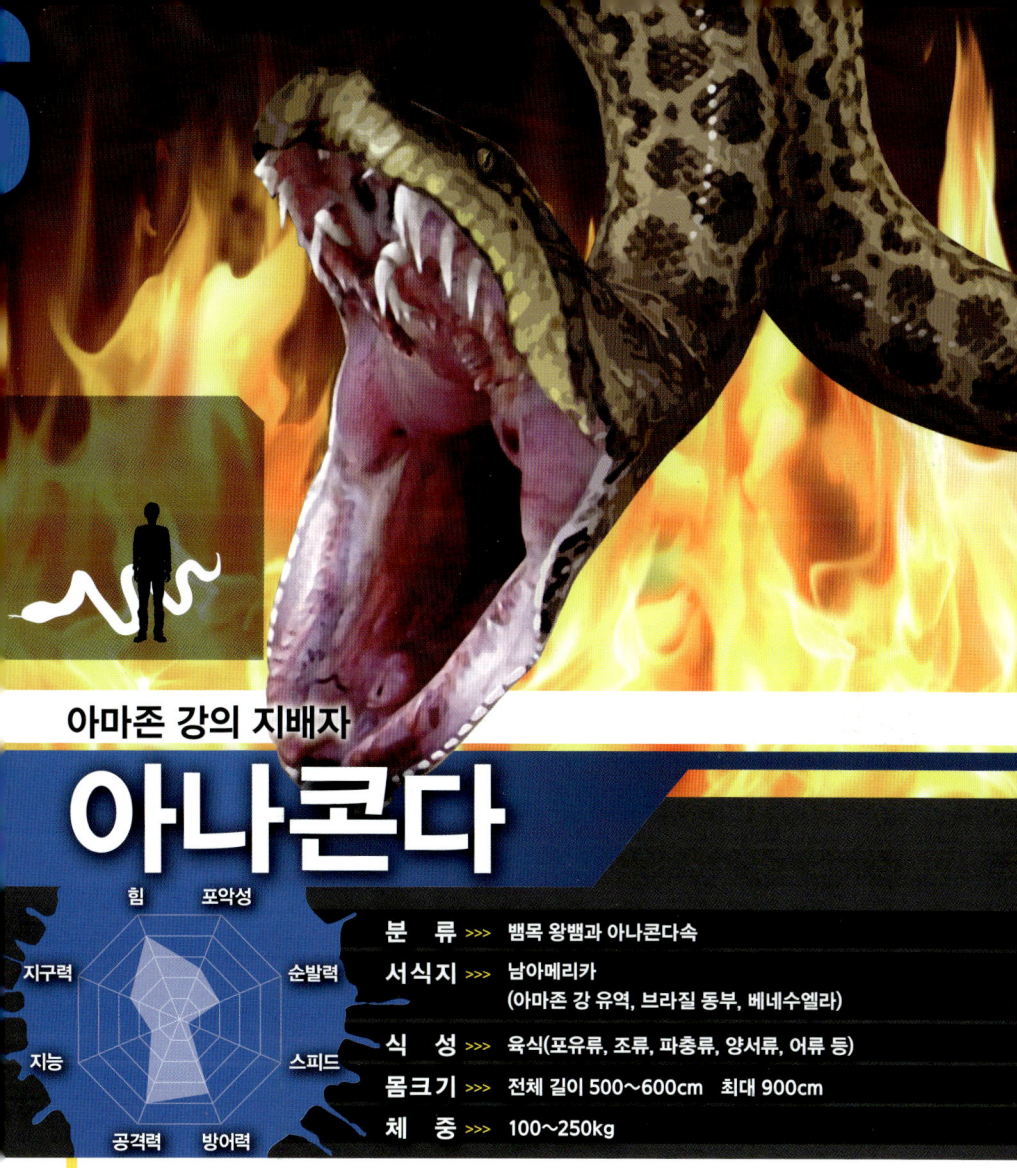

아마존 강의 지배자
아나콘다

힘	
포악성	
순발력	
스피드	
방어력	
공격력	
지능	
지구력	

분 류	>>>	뱀목 왕뱀과 아나콘다속
서식지	>>>	남아메리카 (아마존 강 유역, 브라질 동부, 베네수엘라)
식 성	>>>	육식(포유류, 조류, 파충류, 양서류, 어류 등)
몸크기	>>>	전체 길이 500~600cm 최대 900cm
체 중	>>>	100~250kg

모든 것을 집어삼키는 블랙홀

뱀 중에서는 세계 최대급 크기. 헤엄을 잘 치고 습지와 물속에서의 생활을 즐기며 물을 마시러 온 동물들을 노린다. 사냥감을 꽉 물고 늘어진 다음 나무통 같이 두꺼운 몸으로 휙휙 둘러 감아 엄청난 힘으로 졸라 질식시켜 죽인 뒤 통째로 꿀꺽 삼킨다. 힘센 악어와 함께 남아메리카를 대표하는 맹수인 재규어도 아나콘다에게 감기면 그대로 끝! 아나콘다는 모든 것을 삼키는 블랙홀과 같다!

1 근육질의 두꺼운 몸통

몸통의 가장 두꺼운 부분은 성인 여성의 몸 둘레와 비슷하다. 온몸이 근육 덩어리이며 움직임은 느리지만 조이는 힘은 터무니없이 강하다.

2 엄청 크게 벌어지는 턱

위턱과 아래턱을 잇는 근육이 잘 늘어나 입을 크게 벌릴 수 있다. 덕분에 소와 같이 큰 먹잇감도 통째로 삼킨다.

1회전-5

대결 장소 습지

종종 남아메리카에서는 아나콘다와 재규어의 대결이 벌어진다. 하지만 둘 중 어느 쪽이 더 우세하다고 할 수는 없다. 재규어와 매우 닮은 표범과 아나콘다의 싸움은 어떨까?

배틀 씬 1

날렵하게 움직이며 표범이 먼저 공격!

표범을 둘러 감든지 물어서 물속으로 끌어들인다면 아나콘다의 승리는 확실하다. 하지만 아나콘다의 스피드로는 표범을 잡지 못하고, 일방적으로 공격을 당하고 만다.

LOCK ON!

날카로운 발톱 공격
표범의 갈고리 발톱이 비늘로 뒤덮인 아나콘다의 몸에 상처를 낸다. 그러나 아직 상처는 가벼운 편이다.

표범의 발톱이 아나콘다의 몸을 찢어 발긴다!

1회전-6

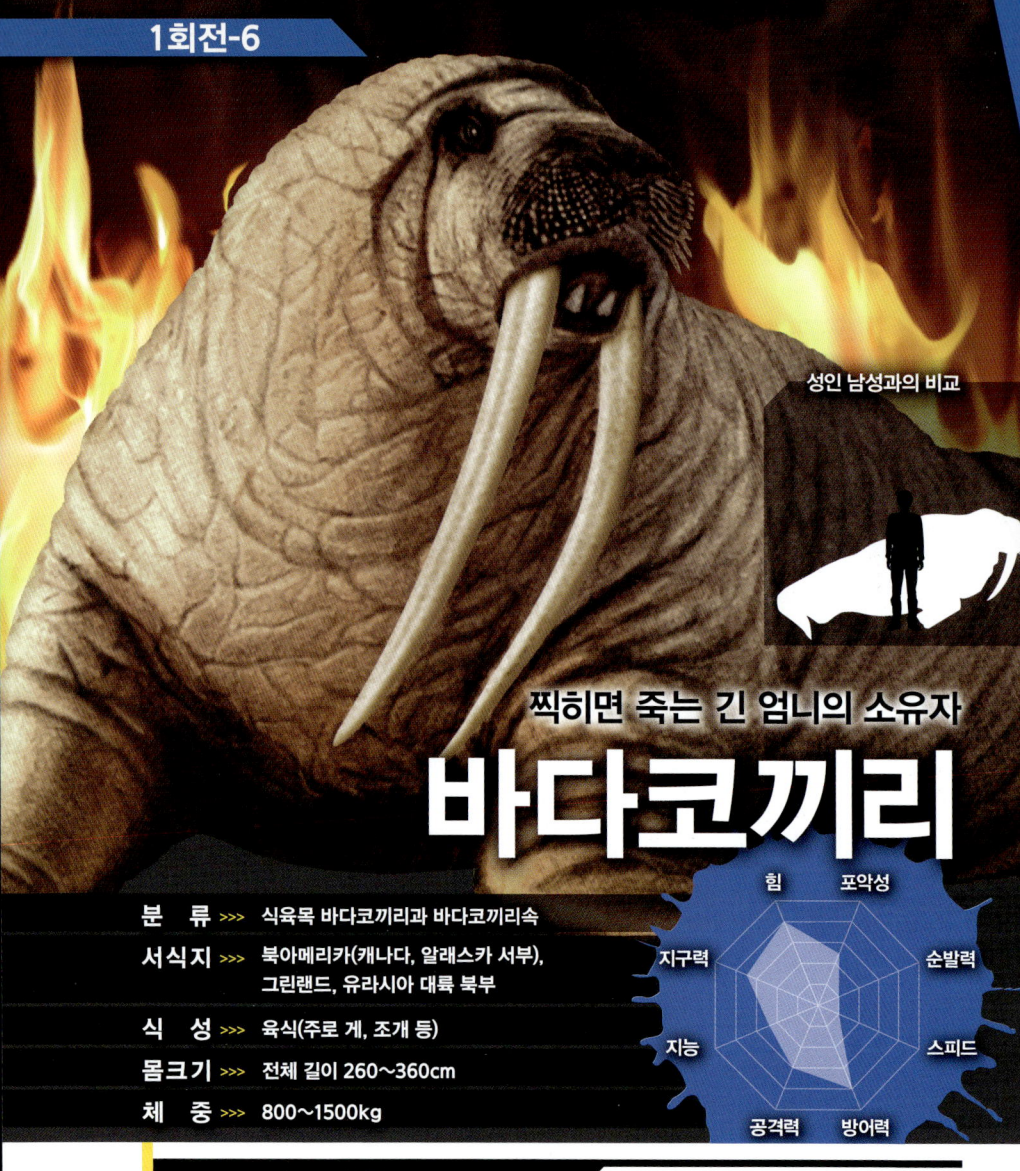

성인 남성과의 비교

찍히면 죽는 긴 엄니의 소유자

바다코끼리

분 류	>>>	식육목 바다코끼리과 바다코끼리속
서식지	>>>	북아메리카(캐나다, 알래스카 서부), 그린랜드, 유라시아 대륙 북부
식 성	>>>	육식(주로 게, 조개 등)
몸크기	>>>	전체 길이 260~360cm
체 중	>>>	800~1500kg

힘 / 포악성 / 순발력 / 스피드 / 방어력 / 공격력 / 지능 / 지구력

배도 뚫어 가라앉히는 엄니

위턱에 있는 긴 엄니 2개는 얼음에 구멍을 뚫거나 얼음 바닥에 꽂아 몸을 끌어 올릴 때 유용하게 사용된다. 얼음투성이 북극해에서 꼭 필요한 도구로, 동료와의 영역 다툼이나 적과 싸울 때 강력한 무기가 된다! 배 밑창에 구멍을 뚫어 가라앉힐 정도로 파괴력이 엄청난데 이 엄니로 거대한 뿔을 가진 외뿔고래도 찔러 죽인다고 한다.

1 날카로운 2개의 칼, 엄니

2개의 엄니는 무기이자 생활 도구이기도 하다. 바다코끼리의 엄니는 평생 자라는데, 1m까지 자라기도 한다.

2 두꺼운 피부와 지방

북극의 추위에서 몸을 지키기 위해 피부와 지방이 합쳐서 두께 10cm나 된다. 웬만한 공격으로는 꿈쩍도 안 하는 방어복이라 할 수 있다.

얼음 세계의 제왕
북극곰

힘	포악성
지구력	순발력
지능	스피드
공격력	방어력

분　류	>>>	식육목 곰과 곰속
서식지	>>>	북극해 연안
식　성	>>>	잡식(포유류, 어류, 과일 등)
몸크기	>>>	몸길이 200~300cm
체　중	>>>	200~800kg

육식동물 중 지상 최고의 크기

곰 종류는 다 몸집이 큰데 그중에서도 가장 거대한 것이 북극곰이다. 하지만 큰 몸집과는 달리 몸놀림이 빨라 얼음 위를 잽싸게 달려 사냥감인 바다표범을 때려눕히기도 한다. 바다표범이 숨을 쉬러 올라올 때까지 가만히 기다리는 지혜와 끈기도 갖고 있다. 수영에 능해 차가운 바다도 아무렇지 않게 헤엄쳐 다닌다. 북극곰이 사는 곳에 무심코 발을 들여놓았다면 이제 안전한 장소란 없다!

1 육식을 위해 발달한 엄니

곰과의 많은 동물이 잡식을 하지만 북극곰은 육식을 더 좋아한다. 엄니 길이는 약 5cm나 되며 바다표범의 두꺼운 피부도 손쉽게 찢어 버릴 수 있다.

2 괴력을 자랑하는 긴 앞발

긴 앞발로 사냥감을 있는 힘껏 쳐서 쓰러뜨리는 게 필살기! 물속에 있는 바다표범을 쳐서 한번에 얼음 위로 올리는 것도 가능하다.

1회전-6

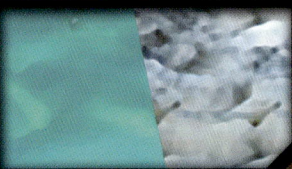

대결 장소: 물속 & 얼음바위

실제 자연 속에서 굶주린 북극곰이 새끼 바다코끼리를 노리는 일은 있지만, 다 큰 바다코끼리와 맞서지는 않는다. 둘이 맞붙으면 결과가 어떻게 나올까?

배틀 씬 1
물속 싸움에서는 바다코끼리가 유리!

큰 몸통을 이용한 온몸 박치기
바다코끼리의 큰 몸통을 던지는 온몸 박치기에 물속에서 바다표범도 해치우는 북극곰이 쩔쩔맨다.

얼음바위 근처 바다에서 서로 만나자마자 싸움 시작! 북극곰도 헤엄을 잘 치지만 역시 바다코끼리에게는 못 당한다. 바다코끼리는 유유히 움직이며 온몸 박치기로 상대를 몰아붙인다.

물속 싸움에서는 북극곰이 완패!

LOCK ON!   LOCK ON!

배틀 씬 2
물 밖에서는 북극곰이 강세!

안 되겠다 싶었는지 북극곰이 몸을 빼자 바다코끼리가 뒤를 쫓았다. 육지에 오른 북극곰은 앞다리를 휘둘러 공격하고 바다코끼리의 앞발에 깊은 상처를 입혔다.

바다코끼리가 앞발에 부상을 입다!

강력한 펀치
바다코끼리의 몸은 지방으로 둘러싸여 있지만 다리 쪽은 지방이 얇다. 다리를 북극곰에게 맞으면 큰 부상을 입게 된다.

LOCK ON!

배틀 씬 3
다리를 공격해서 북극곰이 역전승!

앞발을 다친 바다코끼리는 잘 움직이지 못하게 되고, 북극곰은 바다코끼리의 위협적인 엄니를 피해 뒤에서 달려든다. 두꺼운 지방에 싸여 있다고는 하나 이제 바다코끼리가 지는 것은 시간 문제다.

북극곰의 승리!

1회전-7

집념 강한 사냥꾼

늑대

분류	>>>	식육목 갯과 개속
서식지	>>>	북반구 일대
식성	>>>	육식(주로 포유류)
몸크기	>>>	몸길이 100~160cm 꼬리 길이 30~56cm
체중	>>>	25~80kg

힘 · 포악성 · 순발력 · 스피드 · 방어력 · 공격력 · 지능 · 지구력

무리 지어 다니는 냉혹한 사냥 기계

고양잇과 중 제일 큰 동물이 호랑이, 사자라면 갯과에서는 늑대가 가장 크다. 늑대는 예로부터 사람들에게 두려움의 대상이었다. 보통 4~8마리가 작은 무리를 지어 생활하고 사냥도 함께하는데 각자 역할이 정해져 있다. 마치 잘 훈련된 군대같이 서로 도와 사냥감을 궁지에 몰아넣는다. 냉철한 사냥 기계에게 빈틈은 없다!

1 속도와 지구력을 다 갖춘 다리

달릴 때 속도는 최고 시속 70km에 달한다. 또 시속 30km 정도를 유지하며 7시간 이상을 계속 달릴 수도 있다.

2 합동 공격이 특기

몰아넣기, 다리 노려 쓰러뜨리기, 목 물어뜯어 숨통 끊기 등 각자 역할을 나눠 싸운다. 함께 싸우면 거의 무적의 군대다.

성인 남성과의 비교

전설의 야생소
인도들소

분류	소목 솟과 소속
서식지	인도, 동남아시아
식성	초식(풀, 나뭇잎, 죽순 등)
몸크기	몸길이 240~330cm 몸높이 165~220cm
체중	580~1000kg

능력치: 힘, 포악성, 순발력, 스피드, 방어력, 공격력, 지능, 지구력

거침없는 폭주 기관차

불끈 솟은 우람한 어깨가 있고, 위풍당당한 모습인 인도들소는 세계에서 제일 큰 야생소다. 초승달 모양의 두 뿔은 길이가 최대 80cm나 된다. 이 뿔로 상대를 들이받아 적이 쓰러지면 거대한 몸으로 밟아 죽인다. 보통 때는 얌전하지만 한번 불이 붙으면 아무도 말릴 수 없는 폭주 기관차로 돌변해 호랑이도 죽이려고 달려든다.

1 초승달 모양의 거대한 뿔

인도들소의 뿔은 크게 굽어 있다. 머리를 낮게 숙이면 뾰족한 뿔 끝이 정면을 향하게 되어 싸울 때 무서운 무기가 된다.

2 강력한 짓밟기

최고 1톤이나 되는 체중을 이용한 짓밟기도 강력하다. 하지만 서식지에서는 호랑이에게 다리를 공격당해 쓰러지는 경우도 있어 이 다리는 약점이기도 하다.

배틀 씬 2
늑대가 승부를 걸다!

저돌적인 인도들소에게 치명상을 입히기 위해 늑대는 인도들소의 어깨를 물어뜯는다. 순간 주춤한 인도들소. 그 빈틈을 틈타 늑대는 인도들소의 밑으로 파고들어 목을 노린다.

강력한 물기
늑대의 물어뜯는 힘은 사람의 세 배 이상이다. 날카로운 엄니로 힘껏 물면 인도들소라도 깊은 상처를 입게 된다.

강렬한 아픔에 주춤하는 인도들소

LOCK ON!

배틀 씬 3
늑대가 마무리 단계에서 뼈아픈 실수를 하다!

늑대가 인도들소의 목을 공격해 승부가 난 것처럼 보인 순간 늑대가 튕겨 나간다. 곧이어 달려든 인도들소에게 짓밟힌 늑대. 인도들소의 목 주변을 둘러싼 풍성한 털이 늑대의 엄니로부터 목을 지켜 준 것이다.

인도들소의 역전승!

성인 남성과의 비교

무서운 것 없는 숲의 악마
울버린

분 류	>>>	식육목 족제빗과 울버린속
서식지	>>>	유럽 북부, 아시아, 북아메리카
식 성	>>>	잡식(포유류, 조류, 과일 등)
몸크기	>>>	몸길이 65~105cm 꼬리 길이 17~26cm
체 중	>>>	10~32kg

힘 · 포악성 · 순발력 · 스피드 · 방어력 · 공격력 · 지능 · 지구력

가장 성질 사나운 싸움꾼

영화 〈엑스맨〉에도 울버린이라는 이름이 나온다. 울버린은 육식을 더 좋아하는 잡식 동물로 보통 때는 쥐, 토끼 같은 작은 동물을 사냥하지만 겨울이 되어 먹이가 줄면 자기보다 훨씬 큰 동물에게도 덤벼든다. 또 늑대와 곰 등의 맹수에게도 싸움을 걸어 먹이를 빼앗는다. 몸집은 작지만 상대를 가리지 않고 싸움을 거는 이 포악한 성격이야말로 울버린의 최대 무기다.

1 뼈까지 부수는 턱

커다란 먹잇감은 나무 위에서 덤벼들어 등뼈를 물어서 박살을 낸다. 다 먹지 못한 먹잇감은 갈기갈기 물어찢어서 흙과 눈 속에 숨긴다고 한다.

2 용맹하고 겁이 없는 성격

자기보다 열 배 이상 큰 동물에게도 덤벼들며, 다른 육식동물이 잡은 먹잇감을 빼앗기도 한다. 사람이 사는 집을 엉망으로 만들어 놓기도 해 '숲의 악마'라고 불린다.

큰 관을 쓴 숲의 왕
말코손바닥사슴

분　류 >>>	소목 사슴과 말코손바닥사슴속
서식지 >>>	아시아 북부, 유럽 북부, 북아메리카
식　성 >>>	초식(나뭇잎, 수초 등)
몸크기 >>>	몸길이 240~310cm　몸높이 140~220cm
체　중 >>>	200~820kg

거대한 체구의 숲의 왕

북유럽 동화에 '숲의 왕'으로 나오는 위풍당당한 동물. 수컷의 머리 위 거대한 뿔이 마치 왕관 같다. 영역 싸움이나 암컷을 놓고 서로 다툴 때 이 뿔을 부딪쳐 가며 힘겨루기를 한다. 불곰, 호랑이 등이 습격해 왔을 때도 뿔을 휘두르며 싸운다. 말코손바닥사슴은 시속 50km 정도로 달릴 수 있고, 속도를 실어 차에 돌진하면 차가 부서져 버린다. '숲의 왕'이 숲에서 진다는 것은 용납되지 않는다!

1 위풍당당한 뿔
뿔의 길이는 최대 2m나 된다. 적을 뿔에 걸어서 던져 버린다든지 머리를 낮춰 돌진하는 등, 뿔을 사용한 공격 방법이 다양하다.

2 긴 다리로 찍는 킥
큰 몸을 지탱하는 네 다리의 힘도 강해 딱딱한 발굽 부분으로 찍는 킥은 상상을 초월하는 위력을 가진다. 뒤차기는 필살기다!

배틀 씬 2
강점인 뿔이 오히려 위기를 불렀다!

요리조리 움직이는 울버린에게 열받은 말코손바닥사슴이 머리를 숙여 뿔로 적을 쫓았다. 그러나 부주의하게 움직이다가 그만 뿔이 나무에 걸려 버렸다!

LOCK ON!

나무에 걸린 뿔
사슴의 뿔은 튀어나온 곳이 많아 어딘가에 걸리기 쉽다. 말코손바닥사슴이 날뛰기에는 숲이 너무 좁은 듯하다.

발버둥치는 말코손바닥사슴!

배틀 씬 3
순간 빈틈을 노리고 달려든 울버린이 이기다!

시간이 있었다면 말코손바닥사슴도 혼자 힘으로 탈출할 수 있었겠지만, 상대방은 포악한 울버린이었다. 주저없이 말코손바닥사슴의 앞다리를 물어뜯어 부러뜨려 버렸다. 이 상처로 일어서지 못하게 된 말코손바닥사슴은 더 이상 싸울 수 없게 되었다.

LOCK ON!

울버린의 승리!

047

동물 칼럼 2

생활에 따라 다른 발톱 모양

동물의 발톱은 생활에 꼭 필요한 도구이자 적과의 싸움에서 중요한 무기다. 발톱 모양은 생활 방식에 따라 가지가지인데 대표적인 동물의 발톱 특징을 소개한다.

고양잇과 육식동물

사냥감의 몸에 찔러 넣어 붙잡고 살을 가를 수 있게 칼날같이 날카롭게 굽은 갈고리 발톱을 가진다. 계속 날카롭게 유지하기 위해 정기적으로 나무껍질 등에 발톱을 간다. 다닐 때 발톱이 땅에 부딪쳐 소리 나지 않게 발톱을 집어넣을 수 있다(치타는 집어넣지 못한다).

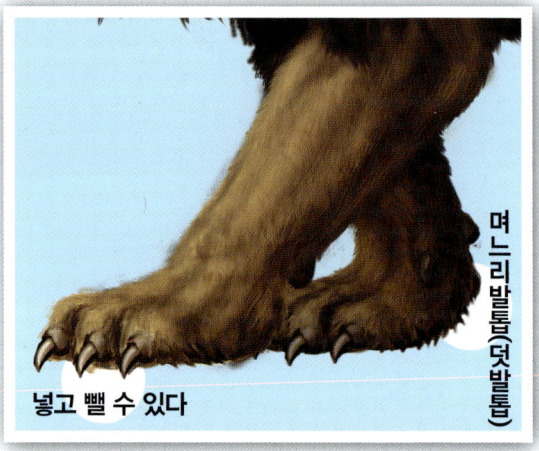

넣고 뺄 수 있다

며느리발톱(덧발톱)

② 유인원

고릴라와 침팬지 등 유인원의 발톱은 사람의 손톱, 발톱과 같은 모양이다. 끝에 튀어나온 부분은 부러지기도 하고 깎이기 때문에 그다지 길게 자라지 못한다. 발톱은 발가락 끝을 보호하거나 발가락의 모양을 고정시키는 역할을 한다. 유인원과 사람이 섬세한 작업을 할 수 있는 것은 이런 손톱, 발톱 덕분이다.

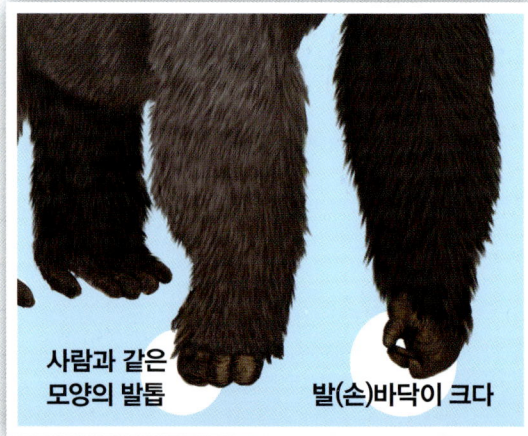

사람과 같은 모양의 발톱

발(손)바닥이 크다

3 조류

먹잇감을 움켜쥐거나 나뭇가지를 잘 붙들기 위해 발톱 끝이 굽어 있고 뾰족하다. 특히 독수리나 매와 같은 육식 조류는 발톱이 크다. 화식조처럼 땅에서 사는 새의 경우 크고 굽은 발톱은 걷는 데 방해가 되므로 발톱이 거의 굽어 있지 않다.

날카롭다

4 파충류

크게 굽은 갈고리 발톱이 있는데 이것은 땅을 꽉 움켜쥐는 스파이크 역할을 한다. 발톱 끝은 지면과의 마찰로 자주 닳는다. 짧은 다리는 섬세하게 움직이지 않기에 사냥감을 붙잡기 위해 발을 사용하지 않는다.

날카롭다

5 코끼리·하마

무거운 체중을 버티기에 적합한 발 모양을 하고 있다. 무게를 분산시킬 수 있게 발은 넓고 평평하다. 특히 큰 힘이 가해지는 발굽은 매우 단단하다. 코뿔소의 다리도 거의 같은 모양이다. 작은 몸집의 적은 짓밟기만으로도 물리칠 수 있다.

크고 돌 같다

6 말·사슴

발굽이 발가락 끝을 넓게 덮고 앞으로 나와 있다. 걸을 때 발굽 부분만 땅에 닿는다. 발굽이 단단해 땅을 힘껏 디딜 수 있으므로 빨리 달릴 수 있다. 또한 딱딱한 발굽을 이용한 내려치기는 강력한 공격 수단이다.

딱딱해서 구두 같다

랭킹 1
체격

경기에 참가한 동물들의 몸길이와 무게를 종합해 순위를 매겼다. 과연 1위의 영광은 어느 동물에게?

체격 랭킹 TOP 10

복싱과 유도 등, 대다수 격투기에서는 체급별로 나눠 싸운다. 그 이유는 몸의 크기나 무게가 승리와 많이 연결되기 때문이다. 이 랭킹 표에서 상위에 든 동물은 두말할 것 없이 강하다!

 아프리카코끼리 — 몸길이, 몸무게 모두 다른 동물들을 압도한다. 어떤 상대라도 전부 밟아 뭉갤 수 있다!

 하마 — 큰 하마는 아프리카코끼리의 몸무게와 맞먹을 정도로 무겁다. 거대한 입 때문에 몸이 더 커 보인다.

 흰코뿔소 — 하마와 거의 비슷한 체격. 돌진하면 코끼리도 그 앞에서 비킨다고 한다.

4. 백상아리
5. 기린
6. 바다코끼리
7. 인도들소
8. 말코손바닥사슴
9. 바다악어
10. 북극곰

세상에서 제일 큰 동물은?

땅 위에서 가장 큰 동물은 아프리카코끼리지만 바다에는 더 큰 동물이 산다. 그중에서도 대왕고래(흰긴수염고래)가 가장 크다. 기록에 따르면 무려 몸길이 34m, 체중 200톤에 달하는 것도 있었다고 한다. 십 층 건물보다 큰, 이미 사라진 공룡을 포함해 지금까지 지구상에 존재했던 어떤 동물보다 큰 동물이다.

제 2 장
2회전

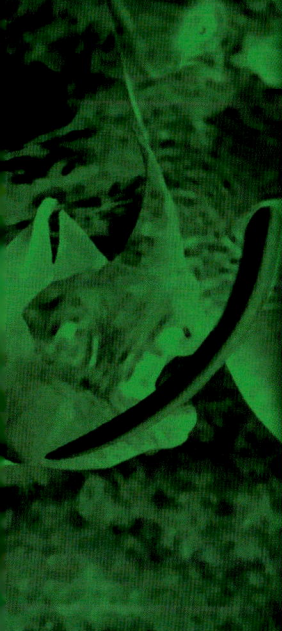

2회전-1

성인 남성과의 비교

소도 때려잡는 강인한 앞발

알래스카불곰

분 류	>>>	식육목 곰과 곰속
서식지	>>>	북아메리카 북서부(알래스카)
식 성	>>>	잡식(포유류, 어류, 과일 등)
몸크기	>>>	몸길이 180~300cm 꼬리 길이 6~15cm
체 중	>>>	120~540kg

힘 / 포악성 / 순발력 / 스피드 / 방어력 / 공격력 / 지능 / 지구력

북극곰 다음으로 큰 불곰

불곰은 사는 지역에 따라 몸집과 이름이 달라지는데 그중에서 가장 강하고 큰 불곰이 바로 알래스카불곰이다. 잡식성인 불곰이 못 먹는 것은 없고, 말코손바닥사슴같이 큰 동물도 사냥한다. 길이가 15cm나 되는 날카로운 발톱이 있는 앞발에서 뿜어져 나오는 메가톤급 펀치를 맞으면 어떤 동물도 KO 당하지 않을 수 없다.

1 사냥감을 후려치는 굵은 앞발

불곰은 앞발 사용이 능숙하다. 강에서 헤엄치는 연어를 한번에 쳐올리기도 하고, 힘이 강해 한 방에 소를 죽이기도 한다.

2 미련한 곰이 아닌 빠른 곰

땅딸막한 인상 때문에 미련해 보이지만 의외로 달리기도 빠르다. 약 시속 50km로 달릴 수 있어 사람은 도저히 따돌릴 수 없다.

초원의 절대 강자
사자

분 류	식육목 고양잇과 표범속
서식지	아프리카 중부~남부, 인도 남부
식 성	육식(포유류, 조류, 어류 등)
몸크기	몸길이 140~250cm 꼬리 길이 65~105cm
체 중	120~250kg

지난 회 대결 >>> VS 코모도왕도마뱀 ⇒ P.016

첫 시합의 상대는 물어뜯기가 필살기였던 코모도왕도마뱀. 그러나 사자의 엄청난 스피드 때문에 코모도왕도마뱀은 물 기회조차 없었다.
강점인 단단한 비늘도 사자의 날카로운 발톱과 엄니에 찢겨 결과는 사자의 완벽한 승리.

일어선 알래스카불곰이 사자를 위협하다!

일어서는 알래스카불곰
빠른 상대와 싸울 때 불곰은 바위나 나무를 등지고 서서 뒤를 지킨다. 불곰의 영리한 행동!

배틀 씬 2
알래스카불곰이 방어 자세를 취하다

뒤를 노리는 사자를 막고자 알래스카불곰은 나무를 등지고 일어섰다. 이제 사자는 정면승부를 걸 수밖에 없게 되었고, 둘은 서로 노려보기 시작한다.

배틀 씬 3
한 방에 결판이 나는 이 대결의 승자는?

긴장감이 가득한 가운데 먼저 움직인 쪽은 사자였다! 알래스카불곰의 반격을 아슬아슬하게 피하고는 재빨리 상대방의 품으로 파고 들어 부드러운 배를 물어뜯었다.

LOCK ON!

사자의 승리!

2회전-2

성인 남성과의 비교

호시탐탐 사냥감을 노리는 물속의 공포

바다악어

분 류	>>>	악어목 크로커다일과 크로커다일속
서식지	>>>	동남아시아, 오스트레일리아 주변
식 성	>>>	육식(포유류, 조류, 어류 등)
몸크기	>>>	전체 길이 500~700cm
체 중	>>>	450~1000kg

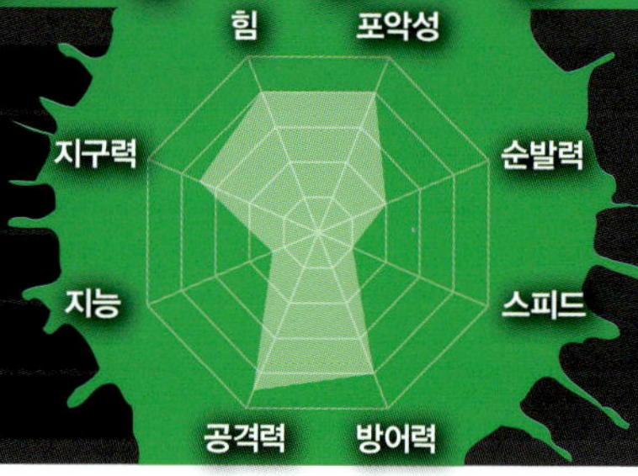

힘 / 포악성 / 순발력 / 스피드 / 방어력 / 공격력 / 지능 / 지구력

지난 회 대결 >>> vs 백상아리   ⇒ P.020

바다악어도 수영을 잘하지만 역시 물에서 생활하는 백상아리에게는 못 미친다. 바다악어가 초반에는 백상아리의 스피드에 눌려 몸의 여기저기를 공격당했다. 그러나 통나무 같은 두꺼운 꼬리로 후려쳐 백상아리의 꼬리뼈를 부수고 상황을 뒤바꿨다! 마지막은 정면에서 물고 늘어져서 승리했다.

고고한 맹수의 제왕
시베리아호랑이

분류	>>>	식육목 고양잇과 표범속
서식지	>>>	아시아 동부
식성	>>>	육식(포유류, 조류, 어류 등)
몸크기	>>>	몸길이 170~230cm 꼬리 길이 95~120cm
체중	>>>	150~300kg

능력치: 힘, 포악성, 순발력, 스피드, 방어력, 공격력, 지능, 지구력

곰과도 정면대결하는 싸움꾼

사자와는 달리 호랑이는 여럿이 뭉쳐 살지 않는다. 시베리아호랑이는 호랑이 종 중 가장 큰데 강인한 턱에 길고 날카로운 엄니와 발톱, 민첩함까지 다 가진 타고난 사냥꾼이다. 멧돼지와 소 같은 대형 초식동물뿐 아니라 늑대, 곰 같은 맹수도 사냥한다. 사람도 먹잇감으로 생각하는데, 친척뻘인 인도 벵골호랑이는 한 마리가 사람 436명을 죽였다는 기록도 있다!

1 단번에 목숨을 끊는 턱

시베리아호랑이는 사자만큼 크고 강한 턱을 갖고 있다. 이 턱으로 단숨에 사냥감의 목을 물어뜯어 뼈를 부수거나 질식시킨다.

2 경이로운 점프력

고양잇과에서 가장 무겁지만 점프력은 놀라울 정도인데, 무려 10m나 뛴다고 한다. 코끼리에 올라탄 사람도 공격한다고 하니, 점프 높이가 굉장하다.

2회전-2

대결 장소: 물가

시베리아호랑이는 늪지악어를 사냥하기도 하고, 반대로 먹히기도 한다. 호랑이와 악어 종에서 가장 큰 대표선수끼리의 대결 결과는 어떨까?

배틀 씬 1

바다악어의 깜짝 공격!

시베리아호랑이가 물가에 나타나자 물속에서 거대한 바다악어가 확 나와서 시베리아호랑이를 급습했다! 깜짝 놀란 시베리아호랑이는 점프해서 간신히 바다악어의 공격을 피했다. 갑자기 나타난 습격자를 노려보며 대치하는 시베리아호랑이와 바다악어.

바다악어가 물기 직전 피하는 시베리아호랑이

LOCK ON!

갑작스런 공격
물가로 다가온 먹잇감에게 달려드는 것은 바다악어의 주특기. 성공했다면 단번에 승부가 났을 것이다.

2회전-3

성인 남성과의 비교

땅 위에서 제일 큰 짐승
아프리카코끼리

분 류	>>>	장비목 코끼리과 아프리카코끼리속
서식지	>>>	아프리카 중부~남부
식 성	>>>	초식(풀, 나뭇잎, 나무열매, 나무뿌리 등)
몸크기	>>>	몸길이 600~750cm 몸높이 320~400cm
체 중	>>>	4000~7500kg

힘 / 포악성 / 지구력 / 순발력 / 지능 / 스피드 / 공격력 / 방어력

자동차도 장난감처럼 뒤집는 힘

아프리카코끼리는 현재 지구상에서 가장 거대한 육상동물이다. 하마와 코뿔소, 기린도 크지만 아프리카코끼리에게는 상대가 안 된다. 코끼리가 일단 날뛰기 시작하면 자동차를 장난감처럼 뒤집어 놓고 작은 집도 무너뜨린다. 화가 난 아프리카코끼리는 무엇도 말릴 수 없는 파괴의 신이다. 1회전에서는 먹혔던 흰코뿔소의 공격이 이번에도 통할까?

1 사람의 손처럼 움직이는 코

10만 개가량의 근육으로 이뤄진 코끼리의 코는 통나무를 가볍게 들어 올릴 수 있는 힘과 작은 과일을 부수지 않고 움켜쥐는 섬세함을 동시에 갖고 있다.

2 길고 큰 2개의 엄니

보통 엄니가 길어지는 쪽은 수컷으로 최대 3m까지도 자란다. 주로 나무껍질을 벗기든지 흙을 파는 데 사용되지만, 싸울 때는 적을 찌르는 무기도 된다.

무차별 돌진 탱크
흰코뿔소

분 류 >>>	말목 코뿔솟과 흰코뿔소속
서식지 >>>	아프리카 중부~남부
식 성 >>>	초식(주로 풀)
몸크기 >>>	몸길이 340~420cm 몸높이 150~190cm
체 중 >>>	1400~3600kg

지난 회 대결 >>> VS 치타

⇒ P.024

땅 위에서 제일 빠른 사냥꾼 치타의 재빠른 공격을 흰코뿔소는 처음에 막기만 했다. 결국 금세 온몸에 할퀸 상처가 생기고 눈꺼풀도 찢겼다. 그러나 앞이 보이지 않게 되자 흰코뿔소는 흥분해서 날뛰기 시작했고 이에 놀란 치타는 줄행랑을 쳤다. 흰코뿔소의 힘을 제대로 보여 준 한 판이었다.

배틀 씬 2
정면에서 힘겨루기 시작!

귀찮게 구는 흰코뿔소에게 드디어 아프리카코끼리도 열받았다. 긴 코로 머리를 내리누르고 엄니로 공격한다. 거대 짐승들의 힘겨루기가 시작되었다.

서로 힘으로 밀어대다!

코로 눌러 내리기
아프리카코끼리의 코는 사람의 손처럼 자유로이 움직인다. 흰코뿔소의 뿔의 방향을 딴 데로 돌리고, 내리누르는 것은 쉬운 일이다.

LOCK ON!

배틀 씬 3
지상 최강의 힘 대결 승자는?

체격, 체중 둘 다 우세한 아프리카코끼리가 힘겨루기에서 승리. 흰코뿔소는 힘이 빠져 쓰러진다. 아프리카코끼리가 올라타서 엄니로 눌러 오자 흰코뿔소는 못 버티고 도망치고 말았다.

LOCK ON!

아프리카코끼리의 승리!

2회전-4

성인 남성과의 비교

세상에서 가장 무서운 새
화식조

분 류	>>>	타조목 화식조과 화식조속
서식지	>>>	인도네시아, 뉴기니, 오스트레일리아 북동부
식 성	>>>	잡식(과일, 곤충 등)
몸크기	>>>	전체 길이 130~190cm
체 중	>>>	30~85kg

힘 · 포악성 · 순발력 · 스피드 · 방어력 · 공격력 · 지능 · 지구력

지난 회 대결 >>> vs 붉은캥거루 ⇒ P.028

붉은캥거루의 강력한 양다리 킥과 칼 같은 발톱을 가진 화식조의 킥이 격돌했다. 궁지에 몰린 붉은캥거루는 화식조를 물어뜯으며 반격을 시도했으나 화식조는 부리를 이용한 공격으로 붉은캥거루의 기를 꺾었고, 그 뒤 폭풍처럼 연속 킥을 날려 승리했다.

064

앞만 보고 돌진하는 무법자
멧돼지

힘 · 포악성 · 순발력 · 스피드 · 방어력 · 공격력 · 지능 · 지구력

분 류 >>>	소목 멧돼짓과 멧돼지속
서식지 >>>	유럽, 아시아, 아프리카
식 성 >>>	잡식(나무뿌리, 과일, 풀, 작은 동물 등)
몸크기 >>>	몸길이 120~180cm 몸높이 60~110cm
체 중 >>>	50~200kg

싸움판에 나타난 산의 신

멧돼지는 산이나 들에서 흔히 볼 수 있는 동물로, 실은 곰만큼이나 위험하다. 자기 영역 안에 들어온 상대는 가차 없이 공격하는 무법자로 옛사람들은 무서운 산신으로 생각해 두려워하고 숭배했다. 200kg이나 되는 거대한 몸집으로 돌진해 부딪치는 것이 주특기다. 날카로운 엄니로는 살을 갈기갈기 찢어 버린다. 표범과 늑대 등의 맹수도 섣불리 덤벼들었다가는 도리어 자기가 당하고 도망갈 정도!

1 엄니가 위아래 4개
아래턱의 엄니가 커서 눈에 띄지만 실은 위턱에도 엄니가 있다. 싸울 때는 돌진해 이 엄니로 할퀴기도 하고 물어뜯기도 해서 상대에게 큰 상처를 입힌다.

2 빠르고 강력한 돌진
달릴 때의 최고 속도는 시속 45km에 이른다. 성인 어른도 부딪치면 튕겨 날아갈 정도의 힘이며, 엄니로는 말도 찔러 죽일 수 있다고 한다.

동물 칼럼 3

종이 같아도 다른 몸크기

같은 종의 동물이어도 사는 곳의 기후나 먹이에 따라 몸의 크기와 성질이 달라지기도 한다. 이렇게 지역별로 차이가 나는 종류를 '아종'이라고 부른다. 호랑이와 불곰을 예로 들어 아종에는 어떤 특징이 있는지 소개한다.

호랑이

표범과 사자는 친척 같은 관계

학술상으로는 호랑이와 표범, 사자는 같은 고양잇과의 표범속으로 분류되며 친척 같은 관계다(이를 '근연종'이라고 한다). 겉모습은 다르지만 뼈 구조는 거의 똑같다. 같이 길러진 호랑이와 사자 사이에 새끼가 태어난 예도 있다.

시베리아호랑이는 추운 지방에 살기 때문에 털이 길고, 말코손바닥사슴이나 곰과 같이 몸집이 큰 사냥감을 노린다. 인도의 벵골호랑이는 약간 작은 크기의 소와 멧돼지 등을 노리는 경우가 많으며, 가장 작은 스마트라호랑이는 조류와 곤충까지도 먹는다.

시베리아호랑이
(몸길이 170~230cm)

벵골호랑이
(몸길이 170~220cm)

스마트라호랑이
(몸길이 130~200cm)

불곰

알래스카불곰이 사는 지역에는 연어와 영양분이 풍부한 먹이가 많아 회색곰보다 몸집이 크다. 시리아불곰은 회색곰보다 식물 종류를 더 많이 먹고 몸도 좀 더 작다.

북극곰과 반달가슴곰도 친척

불곰은 학술상 곰과 곰속으로 분류된다. 여기에는 북극곰과 반달가슴곰이 포함된다. 이 세 동물은 사는 장소가 일부 겹치고, 야생에서는 잡종이 태어나기도 한다.

알래스카불곰
(몸길이 180~300cm)

회색곰
(몸길이 160~300cm)

시리아불곰
(몸길이 160~250cm)

추운 곳에 살수록 커지는 체격

추운 지방에 사는 호랑이와 불곰일수록 몸이 커지는 경향이 있다. 이것은 늑대 같은 동물도 마찬가지다. 추운 지방에서는 몸이 클수록 체온을 유지하기 쉽기 때문에 몸이 커지는 것으로 여겨진다.

랭킹 2
체력

강인한 체력은 싸울 때 큰 도움이 된다. 힘과 지구력을 기준 삼아 동물들의 실력을 비교해 보자.

힘 랭킹 TOP 10

거친 자연에서 사는 동물의 몸은 사람과는 비교할 수 없을 정도로 강한 힘을 갖고 있다. 발톱, 엄니, 뿔과 같은 동물의 무기는 힘이 강할 때 더욱 큰 위력을 갖는다!

1 아프리카코끼리
지상에서 가장 큰 몸과 가장 큰 힘을 지닌다. 단순한 힘겨루기로는 어느 동물에게도 안 진다.

2 흰코뿔소
땅을 울리며 달려가 부딪치는 박치기는 대포도 뒤집을 정도로 엄청나다!

3 하마
4톤이나 되는 거구가 시속 40km의 속도로 뛴다니, 그 힘은 상상도 못할 정도다.

4 기린
5 바다악어
6 백상아리
7 바다코끼리
8 북극곰
9 알래스카불곰
10 아나콘다

랭킹에서 빠진 힘 센 동물

단순히 '힘'만 생각하면 기본적으로 몸이 큰 동물이 세다. 그러나 순위에는 못 들었지만 몸의 크기에 비해 힘이 센 동물들도 있다. 사자와 시베리아호랑이 등 고양잇과의 육식동물이 그렇다. 그중 표범은 자기 체중보다 무거운 사냥감을 입에 물고 나무 위로 끌어올릴 정도로 힘이 세다.

지구력 랭킹 TOP 10

동물들의 싸움에는 시간이 정해져 있지 않다. 상대와 힘이 비슷할 경우 싸움은 장시간 이어진다. 이럴 때 승패는 지구력에 의해 결정된다. 힘이 빠져 빈틈을 보일 때까지 끈질기게 버텨내는 능력도 강자의 조건이다!

1 늑대
시속 30km를 유지하면서 7시간 이상 달릴 수 있는 압도적인 체력!

2 흰코뿔소
자동차와 오랜 시간을 나란히 달리기도 한다! 심지어 6km나 쫓아다닌 기록도 있다.

3 북극곰
얼음 위를 달리고 차가운 바다를 헤엄쳐 다닌다. 하루에 70km나 이동할 때도 있다고 한다.

4 기린
5 아프리카코끼리
6 말코손바닥사슴
7 백상아리
8 바다악어
9 울버린
10 바다코끼리

바다와 육지를 대표하는 장거리 선수

하루 평균 이동거리는 동물의 지구력을 재는 기준이 된다. 이 분야에서 놀라운 기록을 세운 동물은 바로 범고래다. 최고 시속 70km로 헤엄치는 수영의 대가로, 하루 이동거리는 무려 100km 이상이나 된다. 범고래와 어깨를 나란히 할 수 있는 또 다른 동물은 몽골과 러시아 남부에 서식하는 희귀동물인 사이가산양이다. 솟과의 동물로 달리기가 빠르고 하루에 80~120km나 이동할 수 있다.

2회전-5

온순한 숲의 주민

마운틴고릴라

분 류 >>>	영장목 사람과 고릴라속
서식지 >>>	아프리카 중동부(자이르, 르완다, 우간다)
식 성 >>>	잡식(과일, 나뭇잎, 곤충 등)
몸크기 >>>	신장 150~180cm
체 중 >>>	90~220kg

무서워 보이지만 평화주의자

본래 다투길 좋아하지 않는 온순한 성격으로, 자기 영역에 침입자가 들어와도 가슴을 두들기는 소리로 상대방을 위협하는 '드러밍'으로 쫓아내려고 한다. 그러나 위급할 때는 우람한 근육에서 괴력을 뿜어낸다! 강철봉을 구부러뜨리고 사람의 팔을 잡아 찢으며 난동을 부리는 모습은 마치 영화 〈킹콩〉을 보는 듯 힘이 넘친다. 사람에 가까운 지능도 큰 무기!

1 사람의 열 배나 되는 악력

한 손의 손가락 몇 개만으로 가볍게 나무를 탈 수 있는 것을 보면 고릴라의 악력(손아귀힘)은 400~500kg 정도일 것으로 추측된다.

2 괴력을 발휘하는 우람한 팔

팔은 근육 덩어리며 두껍고 힘이 세다. 고릴라에게는 공격할 의도가 없었다고 할지라도 가볍게 밀치는 것만으로도 사람은 멀리 날아가 버린다.

나무 위의 습격자

표범

분류	>>>	식육목 고양잇과 표범속
서식지	>>>	아프리카 남부, 아시아 남부·동부
식성	>>>	육식(포유류, 조류, 어류 등)
몸크기	>>>	몸길이 100~190cm 꼬리 길이 58~110cm
체중	>>>	30~90kg

능력치: 힘, 포악성, 순발력, 스피드, 방어력, 공격력, 지능, 지구력

지난 회 대결 >>> vs 아나콘다

⇒ P.034

세상에서 가장 큰 뱀 중 하나인 아나콘다와의 대결. 처음에는 스피드에서 앞선 표범이 일방적으로 마구 할퀴며 공격했지만 아나콘다에게 그다지 큰 타격을 주지는 못했고 오히려 표범은 아나콘다에게 붙잡혀 버렸다. 그러나 표범은 온 힘을 다해 저항하였고, 결국 아나콘다를 물어뜯어 승리했다.

LOCK ON!

강력한 손아귀힘으로 꼬리를 잡다!

고릴라의 괴력
한 손으로 나무에 매달리는 힘을 가진 손아귀에 힘껏 잡히면 표범의 꼬리와 발의 뼈 정도는 쉽게 박살 날 것이다.

배틀 씬 2
마운틴고릴라가 힘을 다해 반격하다

표범은 어깨를 물고 늘어지지만, 우람한 근육에 이빨이 박히지 않는다. 그 틈을 타서 마운틴고릴라는 팔을 돌려 표범의 꼬리를 잡고는 뼈를 으스러뜨렸다.

LOCK ON!

배틀 씬 3
스피드인가 힘인가? 이번에는 스피드의 승리!

표범을 등에서 떼어 낸 마운틴고릴라는 상대를 잡으려 하지만 표범은 가볍게 피한다. 자기를 잡으려고 뻗는 마운틴고릴라의 팔을 피한 표범은 마운틴고릴라에게 달려들어 부드러운 옆구리를 물어뜯었다.

표범의 승리!

2회전-6

얼음 세계의 제왕
북극곰

성인 남성과의 비교

분류	>>> 식육목 곰과 곰속
서식지	>>> 북극해 연안
식성	>>> 잡식(포유류, 어류, 과일 등)
몸크기	>>> 몸길이 200~300cm
체중	>>> 200~800kg

힘 / 포악성 / 순발력 / 스피드 / 방어력 / 공격력 / 지능 / 지구력

지난 회 대결 >>> vs 바다코끼리　　⇒ P.038

처음에는 싸움이 물속에서 시작되었고, 바다코끼리가 유리했다. 결국 얼음 위로 올라온 북극곰과 따라 나온 바다코끼리는 2차전을 벌인다. 힘이 센 북극곰도 바다코끼리의 거대한 엄니 때문에 쉽사리 가까이 다가가지 못했지만 조금씩 공격하여 바다코끼리를 무찔렀다.

사바나에 우뚝 솟은 고층 탑

기린

- 힘
- 포악성
- 순발력
- 스피드
- 방어력
- 공격력
- 지능
- 지구력

분 류	>>>	소목 기린과 기린속
서식지	>>>	아프리카 중부~남부
식 성	>>>	초식(주로 나뭇잎)
몸크기	>>>	머리 꼭대기까지의 높이 450~590cm(목 위를 빼면 250~370cm)
체 중	>>>	600~1800kg

모든 동물을 내려다보는 껑다리

지구상에서 가장 키가 큰 동물로, 키가 무려 5m나 된다. 긴 목으로 사방을 멀리 볼 수 있기에 몰래 공격하기 같은 잔재주는 통하지 않는다. 이렇게 키가 큰데 달리기도 빨라 최고 시속이 60km나 된다. 긴 다리를 이용한 강력한 킥이 기린의 필살기. 단단한 발굽이 달린 이 킥에 맞으면 어떤 동물이라도 큰 타격을 입게 되고, 때로는 죽기까지 한다!

1 사람의 키만큼 긴 다리

다리 길이는 1.8m 정도. 앞발을 이용한 앞차기와 짓밟기, 강렬한 뒤차기의 위력은 무시무시하다. 심지어 사자도 발로 차서 죽일 수 있다고 한다.

2 통나무 같은 목

수컷은 때때로 자기네끼리 목을 격렬하게 부딪치며 싸운다. 이를 '네킹'이라고 부르는데 암컷을 놓고 서로 대결하는 것이라고 한다.

2회전-7

성인 남성과의 비교

입이 엄청 큰 강의 대장
하마

힘 / 포악성 / 순발력 / 스피드 / 방어력 / 공격력 / 지능 / 지구력

분 류	>>>	소목 하마과 하마속
서식지	>>>	아프리카 중부~남부
식 성	>>>	초식(주로 풀)
몸크기	>>>	몸길이 350~420cm 몸높이 130~163cm
체 중	>>>	1200~4000kg

겉모습과 달리 난폭한 짐승

육지에 사는 동물 중 코끼리 다음으로 크고 무거운 동물. 웃겨 보이는 겉모습 때문에 순할 거라고 오해하기 쉽지만 실은 매우 거칠고 사납다. 자기 영역에 들어온 상대는 가차 없이 달려들어 엄니로 물어뜯는다! 사자도 하마는 피하려 한다. 아프리카에서 사람을 가장 많이 죽이는 동물은 표범도 사자도 아닌 하마다. 한번 공격 대상이 되면 땅에서도 물속에서도 도망갈 장소가 없다.

1 발달한 앞니와 송곳니

앞니와 송곳니가 매우 큰데, 특히 아래턱의 송곳니는 50cm 넘게까지 자란다. 이 이빨에 걸리면 악어도 둘로 잘린다.

2 사람보다 빠른 달리기 실력

뚱뚱한 몸 때문에 둔해 보이지만 시속 40km 정도로 달릴 수 있다. 놀랍게도 100m를 10초에 달리는 육상선수보다 빠른 것이다!

전설의 야생소
인도들소

힘 / 포악성 / 순발력 / 스피드 / 방어력 / 공격력 / 지능 / 지구력

분 류	>>>	소목 솟과 소속
서식지	>>>	인도, 동남아시아
식 성	>>>	초식(풀, 나뭇잎, 죽순 등)
몸크기	>>>	몸길이 240~330cm 몸높이 165~220cm
체 중	>>>	580~1000kg

지난 회 대결 >>> vs 늑대 ⇒ P.042

스피드와 체력, 둘 다 뛰어난 사냥꾼인 늑대는 싸움이 시작되자마자 몇 번씩 인도들소를 물었다. 그러나 이 공격은 통하지 않았다. 그래도 늑대는 열심히 공격해 인도들소가 주춤거리게 만들었다. 그대로 목을 노리지만 두꺼운 털 때문에 실패, 인도들소는 늑대를 튕겨 내고 짓밟아서 승리했다.

배틀 씬 2
인도들소의 맹공격이 시작되었다!

하마가 물속에 있을 때는 덤벼들지 않았지만 땅으로 올라오자 인도들소의 공격이 시작되었다. 인도들소는 머리를 숙이고 발을 구르며 하마에게 계속 돌진한다.

하마의 엉덩이를 두꺼운 뿔로 찌르다!

돌진
인도들소의 뿔은 머리를 숙이면 뿔 끝이 정면을 향하게 된다. 이 자세로 달려가 적을 찌른다.

배틀 씬 3
목의 두께와 체중이 승부를 가르다

인도들소의 끈질긴 공격에 하마가 성을 내며 자기도 돌진해 상대를 들이받았다! 결국 두 배 이상 무거운 하마가 인도들소를 날려 버렸다. 큰 타격을 입은 인도들소는 쓰러져 일어나지 못했다.

하마의 승리

2회전-8

성인 남성과의 비교

무서운 것 없는 숲의 악마
울버린

분　류	>>>	식육목 족제빗과 울버린속
서식지	>>>	유럽 북부, 아시아, 북아메리카
식　성	>>>	잡식(포유류, 조류, 과일 등)
몸크기	>>>	몸길이 65~105cm 꼬리 길이 17~26cm
체　중	>>>	10~32kg

힘 · 포악성 · 순발력 · 스피드 · 방어력 · 공격력 · 지능 · 지구력

지난 회 대결 >>> vs 말코손바닥사슴   ⇒ P.046

체격 차이가 많이 나는 대결이었지만 울버린은 스피드를 앞세워 말코손바닥사슴을 공격했다. 말코손바닥사슴은 울버린을 짓밟으려고 뿔까지 쓰며 격렬하게 몰아붙였지만, 나무에 뿔이 걸려 움직이지 못하게 되었다. 울버린은 재빨리 말코손바닥사슴의 앞다리를 물었고, 결국 상대는 무릎을 꿇고 말았다.

독사의 제왕
킹코브라

분류	뱀목 코브라과 킹코브라속
서식지	인도, 동남아시아
식성	육식(주로 뱀)
몸크기	전체 길이 300~560cm
체중	9kg

능력치: 힘, 포악성, 순발력, 스피드, 방어력, 공격력, 지능, 지구력

왕이란 이름을 가진 독사

독사 중에서 가장 크다. 적이 앞에 있으면 머리를 위로 쳐들고 목을 넓혀 위협한다. 다른 코브라와 달리 이 자세 그대로 움직여 갑자기 물려고 달려들 수도 있다. 한 번에 사람을 스무 명까지 죽일 수 있는 맹독이기에 물리면 일단 죽는다고 봐야 한다. 다른 동물만이 아니라 뱀도 사냥한다. 그야말로 왕(king)이라는 이름이 어울리는, 뱀들의 꼭대기에 있는 존재다.

1 코끼리도 쓰러뜨리는 신경 독
코브라 중에서 가장 독이 센 것은 아니지만 한 번 물 때 엄청난 양의 독을 상대의 몸안에 집어넣는다. 코끼리 한 마리를 죽이고도 남는 양이라고 한다.

2 뛰어난 센서
속귀라고 불리는 진동을 느끼는 감각기관이 잘 발달되어 사람이 다가가는 낌새를 15m 떨어진 곳에서도 알아챈다.

배틀 씬 2
킹코브라가 공격 시작

공격할 수 있는 거리까지 다가간 킹코브라가 울버린에게 달려들었다! 공격은 몇 번이고 계속되었지만, 민첩한 울버린은 요리조리 피하며 자신이 공격할 기회를 엿본다.

독니로 물기
몸이 큰 킹코브라는 움직임이 빠르지 않지만 강력한 독이 있어서 물리면 싸움은 끝난다.

LOCK ON!

재빠른 움직임으로 울버린이 독니를 피하다!

배틀 씬 3
독이 돌기 전에 울버린이 킹코브라를 아슬아슬하게 쓰러뜨리다!

킹코브라가 머리를 뒤로 빼는 순간 울버린이 덤벼들어 목을 문다. 킹코브라도 발악하며 울버린을 물지만, 울버린의 몸에 독이 다 돌기 전에 쓰러지고 만다.

울버린의 승리!

동물 칼럼 4

특별한 무기를 가진 동물

동물들은 사냥하거나 적과 싸울 때 쓸 수 있는 다양한 무기를 가지고 있다. 보통 발톱, 엄니, 뿔 등을 무기로 삼지만, 그중에는 색다른 무기를 가진 동물도 있다. 여기에서는 그런 동물들의 비밀 무기를 소개한다.

1 갑옷을 두른 동물

맹수의 공격도 안 통하는 갑옷

공격당했을 때 피해를 줄이거나 공격 자체를 막아 내는 튼튼한 갑옷을 몸에 걸친 동물이 있다. 갑옷 덕분에 이들은 사자와 호랑이 같은 맹수도 두려워하지 않는다. 대표적인 두 동물을 소개한다.

호저
온몸이 바늘같이 날카롭고 딱딱한 털로 덮여 있다. 적에게 공격당하면 등과 엉덩이 털을 세우고 뒤로 돌진해 적을 찌른다.

꿀먹이오소리
울버린의 가까운 친척. 피부가 두껍고 유연해서 육식동물이 물어도 거의 상처를 입지 않는다. 또 독사의 독도 이겨 낸다.

이 외에도… 알마딜로, 천산갑, 코끼리거북 등

② 독을 품은 동물

치명적이면서 다양한 독 공격

독을 지닌 동물이라고 하면 코브라와 방울뱀 등의 독사가 유명하지만, 그 외에도 여러 동물이 독을 사용한다. 독의 세기와 주입 방법도 다양하다.

링크할스
물거나 상대의 눈에 독을 뿜는다. 사람도 시력을 잃을 정도로 강하다.

노랑가오리
꼬리에 길이 10cm 정도의 톱니 가시가 있다. 톱니 때문에 찔리면 잘 안 빠지며 사람이 쇼크사할 정도의 맹독을 품고 있다.

이 외에도⋯ 검은맘바, 독개구리 등

③ 기타

개성적인 공격 수단

엄니와 발톱, 갑옷, 독 등 지금까지 나온 것과는 전혀 다른 독특한 무기를 지닌 동물도 있다. 상대방을 기절시키는 지독한 냄새와 전기 등도 엄청난 무기가 된다.

스컹크
엉덩이에 있는 특수한 기관에서 강렬하고 지독한 냄새가 나는 액체를 발사한다. 대다수 동물은 이 냄새를 싫어해서 스컹크에게 다가가지 않는다.

전기뱀장어
몸 안에 전기를 만드는 기관이 있어 물고기를 감전시켜 잡아먹는다. 최대 800볼트의 전기를 일으키는데, 이것은 말과 사람이 심장마비를 일으킬 정도다.

이 외에도⋯ [지독한 냄새] 폭탄먼지벌레, 족제비 등
[전기] 전기가오리, 전기메기 등

시범 경기 1
향유고래 vs 범고래

향유고래의 꼬리에 제대로 한 방 맞으면 범고래는 더 이상 버틸 수 없다. 하지만 범고래는 빠른 스피드로 꼬리를 피해 몇 번이고 향유고래를 물어뜯는다. 향유고래의 피부는 갑옷같이 딱딱해 치명상을 입지는 않지만 싸움이 길어질수록 피를 많이 흘려 힘이 빠진다. 머리가 좋은 향유고래는 자기가 불리하다는 것을 깨닫고 수심이 더 깊은 곳으로 내려가 싸움 장소에서 벗어난다. 향유고래가 도망가서 범고래의 승리!

향유고래의 큰 몸을 범고래가 이빨로 물어뜯는다!

바다를 떠다니는 거대 전함
향유고래

- 힘 / 포악성 / 순발력 / 스피드 / 방어력 / 공격력 / 지능 / 지구력

분류	>>>	고래목 향유고래과 향유고래속
서식지	>>>	전 세계 바다
식성	>>>	육식(어류, 오징어 등)
몸크기	>>>	12~18m
체중	>>>	25~50t

체격과 힘이 엄청나다

향유고래는 수심 2000m의 수압(물의 누르는 힘)도 아무렇지 않게 견딜 수 있는 강철같은 몸을 가지고 있다. 거기에 시속 40km로 헤엄칠 수도 있다. 폭 5m의 꼬리지느러미를 휘두르면 거대한 상어도 물 위로 튕겨 나가고 배도 가볍게 뒤집힌다. 이 상식을 뛰어넘는 괴물에게 약점은 없을까?

바다 최강의 육식동물
범고래

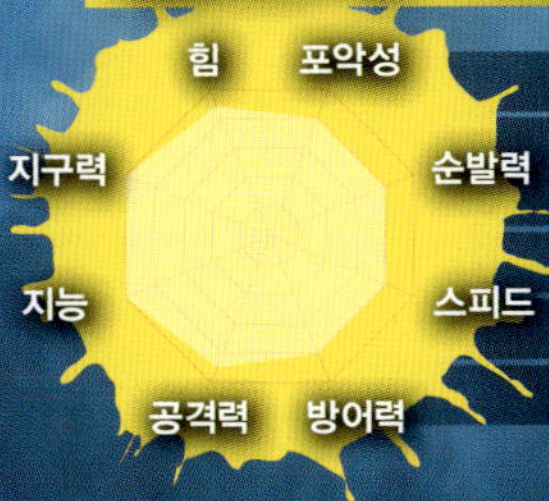

분류	고래목 참돌고래과 범고래속
서식지	전 세계 바다
식성	육식(어류, 포유류 등)
몸크기	5~10m
체중	5~10t

능력치: 힘, 포악성, 순발력, 스피드, 방어력, 공격력, 지능, 지구력

상어도 공격하는 바다의 킬러

가장 빨리 헤엄칠 수 있는 포유류로 최고 시속은 70km에 달한다. 머리가 좋고, 떼를 지어 사냥하면서 포악한 상어와 거대한 고래까지도 먹잇감으로 삼는다. 'killer whale(킬러 고래)'이라는 영어 이름에서도 알 수 있듯이 범고래는 바다에서 가장 사나운 킬러다!

범고래의 승리!!!

랭킹 3
두뇌·능력

싸움에서 이기려면 무기만 좋아서는 안 된다. 여기에 지능과 방어력이 합쳐졌을 때 최고의 결과를 낼 수 있다.

지능 랭킹 TOP 10

상대방의 행동 패턴을 학습하고 약점을 발견해서 공격하는 뛰어난 지능은 힘과 스피드보다 강력한 무기가 된다. 여기서는 두뇌, 냉철함, 교활함을 종합해 동물들의 지능을 비교했다.

1. 마운틴고릴라
인간에 가까운 지능을 가지고 있다. 경험을 쌓고 싸우는 방법을 배우면 점점 더 강해질지도?

2. 늑대
약한 사냥감을 알아차리는 능력과 상대에 따라 사냥 방법을 바꾸는 지혜가 우수하다.

3. 아프리카코끼리
과거에 자기를 공격한 인간을 구분할 수 있을 정도로 뛰어난 머리와 기억력을 자랑한다.

4. 북극곰
5. 알래스카불곰
6. 표범
7. 사자
8. 시베리아호랑이
9. 치타
10. 울버린

도구를 쓰는 동물

1위에 빛나는 마운틴고릴라와 비슷한 지능을 가진 동물이 침팬지와 오랑우탄과 같은 유인원 계열이다. 이들은 식량을 모으고 사냥감을 굴에서 몰아내기 위해 도구도 사용한다. 만약 유인원이 적과 싸울 때 도구를 쓰기 시작한다면 자연계의 힘의 균형은 크게 바뀔지도 모른다!

공격력 랭킹 TOP 10

많은 동물들이 사냥이나 방어를 위해 자신만의 무기를 가지고 있다. 그런데 어느 동물이 가장 유리한 무기를 가지고 있을까?

 **킹코브라**
한 번에 무려 스무 명의 사람을 죽일 수 있을 정도의 강력한 독을 자랑한다.

 **아프리카코끼리**
크고 긴 엄니로 뭐든지 뚫어 버린다. 통나무를 들어 올릴 정도의 힘을 가진 코도 강력한 무기다.

 **바다악어**
길이 5cm 이상의 엄니가 쭉 나 있는 턱으로 사냥감을 물고 데스 롤로 찢어발긴다!

 백상아리
 시베리아호랑이
 사자
 북극곰
 하마
 흰코뿔소
10 아나콘다

최강의 공격력을 가진 독사

자연계에는 킹코브라보다 더 강력한 독을 가진 독사가 몇 종류 있다. 그중에서도 가장 위험한 것은 한 번 물었을 때 나오는 독이 사람 백 명 이상을 죽일 만큼 강력하다는 오스트레일리아의 타이판이다. 이 뱀은 매우 사납고 몇 번이고 반복해서 물기 때문에 물리면 바로 죽는다.

방어력 랭킹 TOP 10

인간은 상상조차 하기 힘든 힘의 충돌을 버텨내기 위해 동물들의 몸은 매우 튼튼하게 되어 있다. 질긴 피부와 두꺼운 지방, 딱딱한 비늘 등, 몸을 지키는 수단은 다양하다. 그중에는 총에 맞아도 꿈쩍없는 방어력을 가진 동물도 있다!

 **아프리카코끼리**
피부 두께가 2.5cm. 사슴 사냥용 총 정도는 맞아도 꿈쩍도 안 한다.

 흰코뿔소
갑옷과 같은 피부는 칼도 튕겨 낸다. 피부의 질기기만 보면 아프리카코끼리 이상일지도?

 바다코끼리
피부와 지방의 두께가 약 10cm. 대형 육식동물의 크고 강한 엄니로도 꿰뚫기 힘들다.

4. 하마
5. 바다악어
6. 북극곰
7. 알래스카불곰
8. 기린
9. 인도들소
10. 아나콘다

사자의 엄니도 통하지 않는 무적의 갑옷

체구가 큰 동물이 주로 높은 순위에 올라가 있다. 그러나 몸집이 작지만 방어력이 뛰어난 동물도 있다. 그 대표격이 알마딜로와 닮은 천산갑이다. 천산갑의 몸은 단단한 비늘로 덮여 있는데, 위험을 느끼면 몸을 웅크려서 방어한다. 공같이 말린 천산갑은 사자조차도 어찌할 수 없는 방어력을 자랑한다!

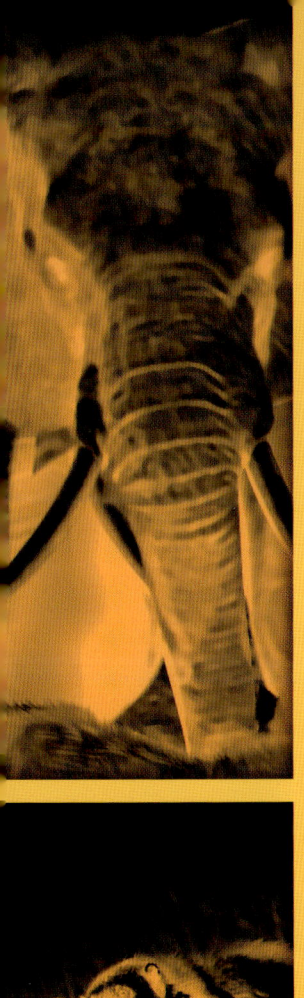

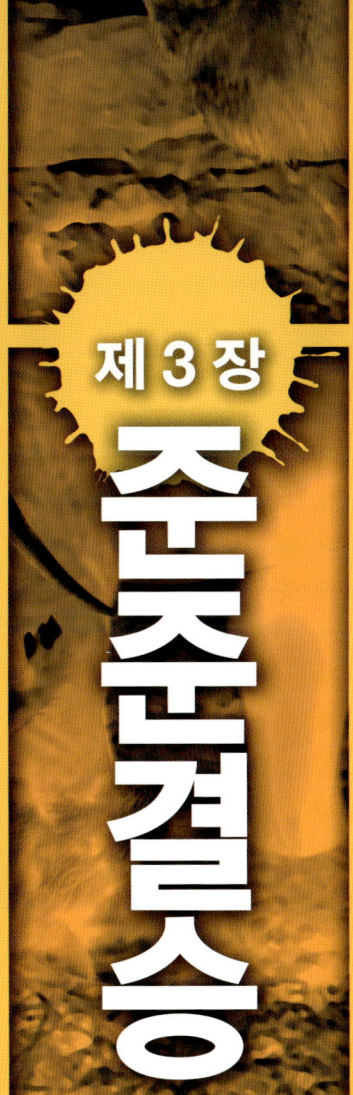
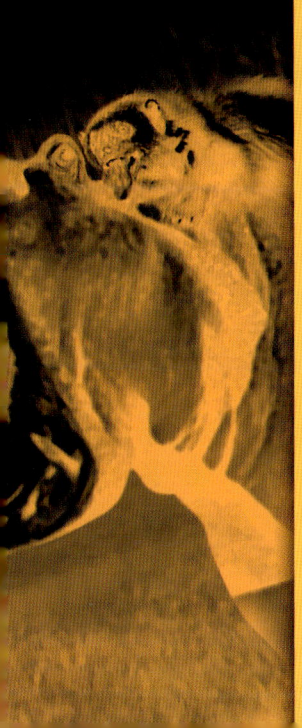
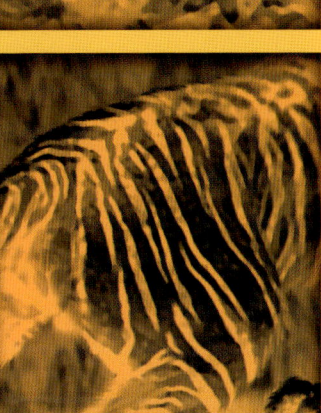
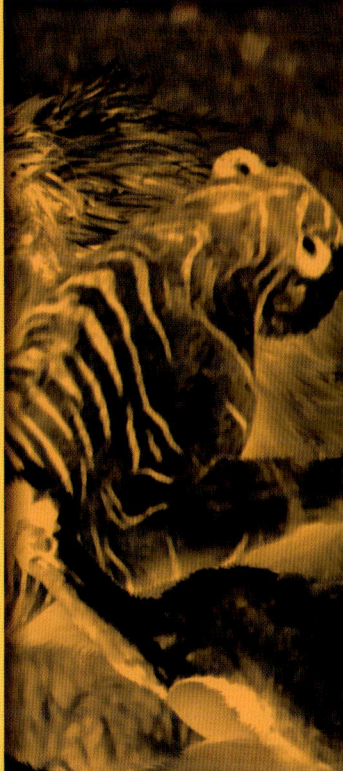

제 3 장
준준결승

준준결승-1

초원의 절대 강자
사자

성인 남성과의 비교

분　류	식육목 고양잇과 표범속
서식지	아프리카 중부~남부, 인도 남부
식　성	육식(포유류, 조류, 어류 등)
몸크기	몸길이 140~250cm 꼬리 길이 65~105cm
체　중	120~250kg

힘 · 포악성 · 순발력 · 스피드 · 방어력 · 공격력 · 지능 · 지구력

지난 회 대결 >>> vs 알래스카불곰 ⇒ P.054

싸움이 시작되었을 때부터 알래스카불곰은 긴 앞다리를 휘두르며 적극적으로 공격을 시작했다. 사자는 다가가지 않고 등 뒤를 노리며 조심히 움직였다. 한동안 서로 노려보다가 드디어 사자가 달려들었다! 알래스카불곰의 양 앞발을 피해 들어가 배를 물어뜯어 사자가 강적을 쓰러뜨렸다.

096

고고한 맹수의 제왕
시베리아호랑이

분류	식육목 고양잇과 표범속
서식지	아시아 동부
식성	육식(포유류, 조류, 어류 등)
몸크기	몸길이 170~230cm 꼬리 길이 95~120cm
체중	150~300kg

능력치: 힘, 포악성, 순발력, 스피드, 방어력, 공격력, 지능, 지구력

지난 회 대결 >>> vs 바다악어
⇒ P.058

물가로 다가간 시베리아호랑이에게 갑자기 거대한 괴물이 덮쳤다! 바다악어의 갑작스런 공격으로 시작된 대결은 땅 위로 이어졌다. 바다악어는 꼬리를 움직여서 등 뒤를 덮치려는 시베리아호랑이를 막는다. 그러나 시베리아호랑이는 휙 하고 바다악어의 등에 올라타서 목을 물어 치명상을 입혔다.

준준결승-1

대결 장소 초원

사자와 호랑이가 싸우면 어느 쪽이 이길까? 사람들이 가장 궁금해하던 그 질문에 대한 답이 지금 나온다! 과연 고양잇과 최강의 동물은?

배틀 씬 1
처음 보는 강적을 관찰하는 두 맹수

강한 적을 만났다는 것을 알았는지 사자와 시베리아호랑이는 빙빙 돌며 서로를 관찰한다. 어느 쪽이 먼저 공격할 것인가?

LOCK ON!

진짜 강한 상대를 만나 서로를 노려보는 두 영웅!

LOCK ON!

턱과 엄니
고양잇과 최대 크기의 턱과 엄니를 자랑하는 사자와 시베리아호랑이. 목과 배 같은 급소에 공격이 먹힌다면 싸움은 바로 끝날 것이다.

배틀 씬 2
시베리아호랑이의 공격으로 싸움 시작!

먼저 움직인 쪽은 시베리아호랑이! 눈 깜짝할 새에 사자에게 달려들었지만, 사자도 이에 반응해 둘은 서로 뒤엉키며 격렬한 몸싸움을 벌인다.

격렬한 몸싸움
사자나 시베리아호랑이는 같은 종끼리 세력권 다툼을 벌일 때 서로 맞붙어 격렬한 몸싸움을 한다.

LOCK ON!

땅에 뒹굴고 또다시 달려드는 몸싸움이 이어진다!

배틀 씬 3
강자끼리의 싸움은 경험의 차가 승패를 가른다

처음에는 서로 비슷하게 싸우다 점점 사자가 유리해지고 결국 사자가 시베리아호랑이를 물어뜯었다. 평상시 우두머리 자리를 놓고 수컷 사자끼리 싸운 경험이 여기서 빛을 발한 것 같다.

사자의 승리!

준준결승-2

성인 남성과의 비교

땅 위에서 제일 큰 짐승
아프리카코끼리

분류	>>>	장비목 코끼리과 아프리카코끼리속
서식지	>>>	아프리카 중부~남부
식성	>>>	초식(풀, 나뭇잎, 나무열매, 나무뿌리 등)
몸크기	>>>	몸길이 600~750cm 몸높이 320~400cm
체중	>>>	4000~7500kg

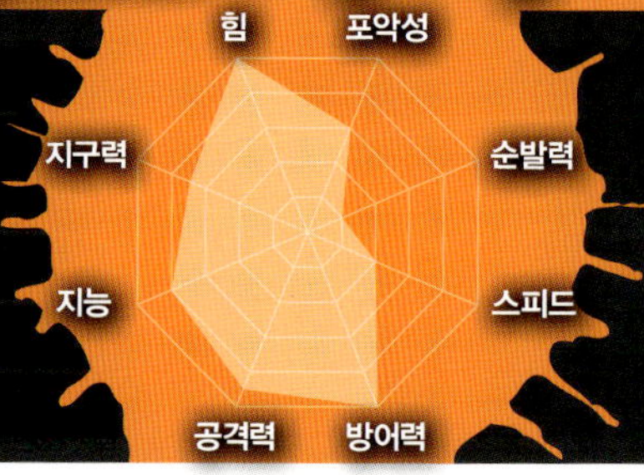

힘 / 포악성 / 순발력 / 스피드 / 방어력 / 공격력 / 지능 / 지구력

지난 회 대결  ⇒ P.062

흰코뿔소가 아프리카코끼리를 들이받지만 아프리카코끼리는 처음에는 별로 싸울 생각이 없어 보인다. 그러나 흰코뿔소가 뿔로 몇 번 찔러 대자 열이 받은 아프리카코끼리는 흰코뿔소를 코로 누르며 엄니로 반격했다. 실력 발휘를 하는 아프리카코끼리 앞에서 흰코뿔소는 상대가 되지 않는다.

앞만 보고 돌진하는 무법자

멧돼지

- 힘
- 포악성
- 순발력
- 스피드
- 방어력
- 공격력
- 지능
- 지구력

분 류	>>>	소목 멧돼짓과 멧돼지속
서식지	>>>	유럽, 아시아, 아프리카
식 성	>>>	잡식(나무뿌리, 과일, 풀, 작은 동물 등)
몸크기	>>>	몸길이 120~180cm 몸높이 60~110cm
체 중	>>>	50~200kg

지난 회 대결 >>> vs 화식조　⇒ P.066

화식조에게 돌진한 멧돼지는 연속 킥을 얻어맞는다. 그래도 계속 다가가 거리를 좁힌 멧돼지가 주특기인 쳐올리기로 공격. 그러나 이 또한 화식조가 점프하며 피하자 이번에는 물어뜯으려고 한다. 상처를 입은 화식조도 반격했지만 멧돼지가 몇 번이고 물어뜯어 승리했다.

랭킹 4
스피드

상대보다 빨리 움직이면 공격을 하기도 피하기도 쉽다. 속도와 순발력, 두 가지를 놓고 비교한다!

속도 랭킹 TOP 10

달리는 속도는 도망가는 사냥감을 쫓아가서 잡을 때 필요한 능력이다. 물론 일대일 대결을 펼칠 때도 빠른 속도로 상대를 혼란스럽게 만들거나 순식간에 뒤로 돌아가 공격할 수 있게 된다. 돌진해서 공격하면 공격력에도 도움이 된다.

1. 치타 — 최고 속도는 시속 100km에 달한다. 가히 스피드의 제왕이라 할 만하다.

2. 사자 — 단거리라면 시속 70km로 달릴 수 있다. 초원의 왕은 스피드도 최상위권이다.

3. 늑대 — 장거리 달리기도 특기지만 단거리 달리기 역시 상당히 빠른 만능 선수.

4. 기린
5. 붉은캥거루
6. 시베리아호랑이
7. 표범
8. 말코손바닥사슴
9. 화식조
10. 흰코뿔소

눈으로 쫓지도 못하는 빠르기의 세계

하늘을 나는 새들 세계에서는 지상의 동물들을 뛰어넘는 엄청난 속도 경쟁이 벌어진다. 그중 최강자는 시속 170km로 나는 바늘꼬리칼새다. 중력을 이용한 급강하(높은 곳에서 아래쪽으로 급하게 내려오기)는 또 다른 차원의 속도를 보여 준다. 이 분야의 최강자는 매로, 무려 시속 370km나 된다!

순발력 랭킹 TOP 10

순발력이란 순간적으로 강한 힘이나 속도를 내는 능력을 말한다. 단거리를 달릴 때 속도가 순식간에 빨라지는 가속력과 멀리 또는 높이 뛰는 점프력, 적의 공격을 피하는 것 등에 영향을 준다. 이 랭킹에서 높은 순위에 든 동물들은 순식간에 적을 누를 수 있다.

1 치타
달리기 시작해 3초 만에 시속 100km로 달린다. 다른 동물은 그림자도 밟지 못할 순발력이다!

2 표범
먹잇감에게 달려들 때 보이는 날렵한 움직임은 동물계에서 비교할 상대가 없다.

3 시베리아호랑이
고양잇과에서 가장 크지만 몸놀림은 날렵하다. 10m를 뛰는 점프로 먹잇감에게 달려든다!

4 울버린
5 붉은캥거루
6 사자
7 늑대
8 화식조
9 킹코브라
10 백상아리

동물계에서 손꼽히는 선수들

고양잇과 동물들은 온몸이 스프링같이 탄력 있고 순발력이 뛰어나다. 여기에는 없지만 숨은 실력자도 많은데 특히 퓨마의 순발력이 엄청나다. 퓨마는 점프가 특기인데 폭 12m, 높이 4m의 점프 기록을 보유하고 있다. 동물계에 올림픽이 있다면 퓨마가 높이뛰기와 멀리뛰기에서 금메달을 독차지했을지도 모른다!

준준결승-3

나무 위의 습격자
표범

성인 남성과의 비교

분류	식육목 고양잇과 표범속
서식지	아프리카 남부, 아시아 남부·동부
식성	육식(포유류, 조류, 어류 등)
몸크기	몸길이 100~190cm 꼬리 길이 58~110cm
체중	30~90kg

힘 / 포악성 / 순발력 / 스피드 / 방어력 / 공격력 / 지능 / 지구력

지난 회 대결 >>> vs 마운틴고릴라 ⇒ P.074

표범이 마운틴고릴라의 등 뒤에서 달려들지만 날카로운 엄니 공격이 먹히지 않았다. 표범이 애를 먹는 사이 마운틴고릴라가 표범을 등에서 끌어내렸다. 마운틴고릴라는 표범을 잡으려고 했지만 거꾸로 배를 물려 버렸다. 마운틴고릴라의 배는 표범의 엄니로 물어뜯을 수 있을 정도로 말랑했다. 표범의 승리!

얼음 세계의 제왕
북극곰

분 류	>>>	식육목 곰과 곰속
서식지	>>>	북극해 연안
식 성	>>>	잡식(포유류, 어류, 과일 등)
몸크기	>>>	몸길이 200~300cm
체 중	>>>	200~800kg

힘 / 포악성 / 순발력 / 스피드 / 방어력 / 공격력 / 지능 / 지구력

지난 회 대결 >>> vs 기린 ⇒ P.078

북극곰은 상대의 움직임을 지켜보는 기린의 등을 노린다. 그러나 기린의 뒤는 예상 외로 위험한 곳이었다. 기린이 강력한 뒷발차기를 북극곰에게 날렸고 북극곰은 간발의 차로 나동그라지며 피했다. 재빨리 일어난 북극곰은 기린의 다리를 쳐 부러뜨려 승리한다.

준준결승-4

성인 남성과의 비교

입이 엄청 큰 강의 대장
하마

힘 포악성
지구력 순발력
지능 스피드
공격력 방어력

분 류	>>>	소목 하마과 하마속
서식지	>>>	아프리카 중부~남부
식 성	>>>	초식(주로 풀)
몸크기	>>>	몸길이 350~420cm 몸높이 130~163cm
체 중	>>>	1200~4000kg

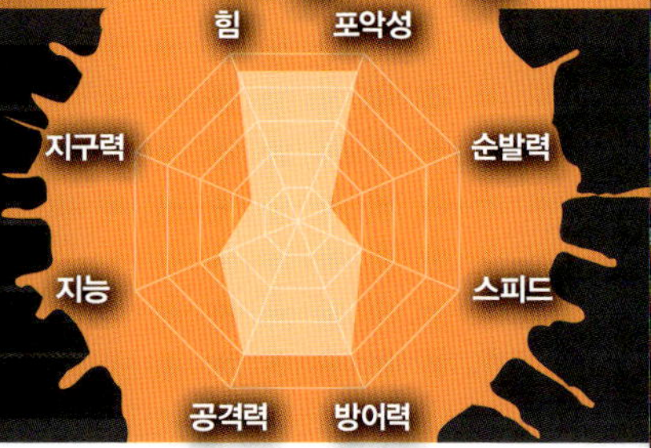

지난 회 대결 vs 인도들소

⇒ P.082

몸집이 큰 하마에게 인도들소는 발을 구르며 몇 번이고 돌진했다. 그러나 이 정도로는 하마를 쓰러뜨릴 수 없었고 오히려 하마의 분노에 불만 지르고 말았다. 인도들소도 무겁지만 하마는 그 두 배 이상의 체중이다. 하마는 한 방에 인도들소를 날려 버렸고, 인도들소는 다시 일어나지 못했다.

무서운 것 없는 숲의 악마
울버린

분　류	>>>	식육목 족제빗과 울버린속
서식지	>>>	유럽 북부, 아시아, 북아메리카
식　성	>>>	잡식(포유류, 조류, 과일 등)
몸크기	>>>	몸길이 65~105cm　꼬리 길이 17~26cm
체　중	>>>	10~32kg

지난 회 대결 >>> vs 킹코브라　⇒ P.086

겁 없는 울버린답지 않게 조심하는 가운데 킹코브라가 연속 물어뜯기 공격을 시도했다. 제대로 물렸다면 승부가 났겠지만 울버린은 모두 피했고 킹코브라의 빈틈을 틈타 목을 물었다. 이때 울버린도 물렸지만 당황하지 않고 턱에 힘을 줘서 독이 퍼지기 전에 승리를 거뒀다.

준준결승-4

대결 장소 물가

몸은 작지만 싸움에서 절대 물러서지 않는 울버린이 아프리카코끼리만큼 큰 하마에게 도전한다. 체격 차이가 엄청나지만 울버린은 상관하지 않는다.

배틀 씬 1
앞으로 다가가며 힘으로 누르려는 하마

울버린은 싸울 자세를 잡지만 하마가 너무 커서 어떻게 공격해야 할지 망설인다. 하마는 울버린을 삼키려는지 입을 벌린 채 다가간다.

LOCK ON!

하마가 입을 벌리고 위협하며 전진!

LOCK ON!

하마의 입
하마는 입안에 사람이 앉을 수 있을 정도로 입을 크게 벌릴 수 있다. 몸집이 작은 울버린은 겨우 한입 거리다.

시범 경기 2

검독수리 vs 수리부엉이

하늘의 제왕
검독수리

분 류	▶▶▶	수리목 수릿과 검독수리속
서식지	▶▶▶	북극권과 열대를 제외한 유라시아 대륙, 북아메리카, 북아프리카
식 성	▶▶▶	육식(포유류, 조류 등)
몸크기	▶▶▶	몸길이 75~97cm 날개 길이 170~220cm
체 중	▶▶▶	3~7kg

눈 깜빡할 사이에 이루어지는 사냥

하늘을 날며 땅 위를 바라보다가 사냥감을 발견하면 시속 240km의 엄청난 속도로 내려간다. 이렇게 급강하해 달려들어서 사냥감의 몸에 날카로운 갈고리 발톱을 찔러 넣는다! 작은 포유류와 조류만이 아니라 자기보다 훨씬 큰 사슴도 덮치는 용맹한 사냥꾼.

뛰어난 시력을 가진 검독수리가 먼저 상대방을 발견하고 공격하지만 수리부엉이도 곧바로 맞선다. 서로 발의 갈고리 발톱을 보이며 격렬한 공중전을 펼친다. 한동안은 대등한 싸움이 이어지지만 이윽고 체격이 더 큰 검독수리가 우세해지고 수리부엉이는 도망을 친다. 그러나 수리부엉이의 원래 실력은 한밤중에 발휘된다. 만약 대결이 밤중에 이루어졌다면 승자는 바뀌었을 것이다.

밤의 지배자
수리부엉이

하늘의 진정한 1인자를 가리는 자존심을 건 대격돌!

분 류	올빼미목 올빼밋과 수리부엉이속
서식지	북극권과 열대를 제외한 유라시아 대륙
식 성	육식(포유류, 조류 등)
몸크기	몸길이 72cm 날개 길이 180cm
체 중	4kg

힘 / 포악성 / 순발력 / 스피드 / 방어력 / 공격력 / 지능 / 지구력

소리 없이 다가오는 죽음의 그림자

어둠 속에서도 잘 볼 수 있는 눈을 가쳤고 밤이 되면 활동을 시작한다. 거의 소리를 내지 않고 날아서 사냥감에게 다가가 날카로운 발톱과 부리로 상대의 몸을 움켜잡고 찢는다. 여우나 족제비 등의 육식동물도 밤의 지배자인 수리부엉이에게 있어서는 단지 먹잇감에 지나지 않는다!

검독수리의 승리!!!

랭킹 5
포악성

아무리 튼튼한 몸과 무기를 가지고 있어도 마음이 약하면 힘을 발휘하지 못한다. 싸움에 적합한 포악한 성격을 지닌 동물은?

포악성 랭킹 TOP 10

상처를 입어도 머뭇거리지 않는 공격적인 모습은 적에게 큰 두려움을 준다. 포악성 랭킹에서 상위에 오른 동물들은 체격 차이를 허물어 버리는 폭발력을 지닌 진정한 싸움꾼이다.

 1 울버린 — 어떤 상대도 두려워하지 않고 싸움을 건다. 꺾이지 않는 투지를 지녀 '숲의 악마'라 불린다.

 **2 백상아리** — 탐욕스럽고 난폭하다. 피 냄새를 맡아 흥분 상태가 되면 아무도 못 말린다.

 **3 하마** — 자기 영역에 들어온 침입자는 가차없이 공격한다. 아프리카에서 가장 위험한 동물이다.

4 바다악어
5 표범
6 시베리아호랑이
7 사자
8 늑대
9 북극곰
10 알래스카불곰

사자도 얕잡아 보지 못하는 꿀먹이오소리

울버린을 포함해 족제빗과에는 몸은 작지만 성질이 사나운 동물들이 많다. 울버린만큼 포악하기로 유명한 꿀먹이오소리도 족제빗과다. 피부가 매우 질긴 꿀먹이오소리는 방어력이 강해 사자와 하이에나 같은 맹수에게도 덤벼든다. 또 독을 이겨 낼 수 있어서 맹독의 코브라도 잡아먹는 거침없는 동물이다.

제 4 장
준결승 · 결승

준결승-1

성인 남성과의 비교

초원의 절대 강자
사자

분류	>>>	식육목 고양잇과 표범속
서식지	>>>	아프리카 중부~남부, 인도 남부
식성	>>>	육식(포유류, 조류, 어류 등)
몸크기	>>>	몸길이 140~250cm 꼬리 길이 65~105cm
체중	>>>	120~250kg

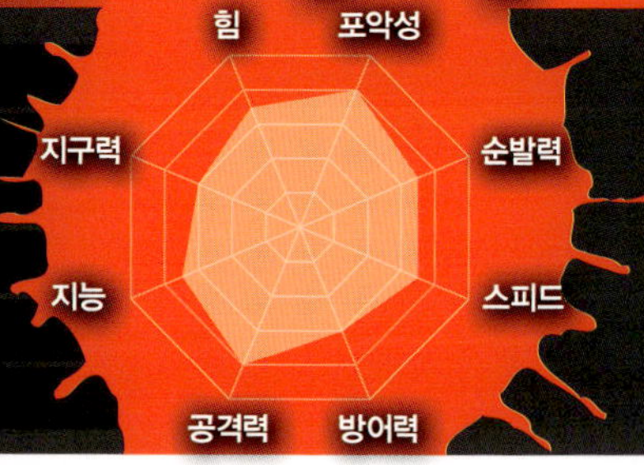

힘 · 포악성 · 순발력 · 스피드 · 방어력 · 공격력 · 지능 · 지구력

지난 회 대결 >>> vs 시베리아호랑이   ⇒ P.098

가장 강한 동물 자리를 놓고 벌어진 대결은 흥미진진했다. 땅을 구르고 다시 일어나 격렬한 싸움을 반복하다가 둘 다 몸이 상처투성이가 되었다. 대등한 싸움이 계속되었지만 점차 사자가 우세해졌다. 무리의 대장 자리를 놓고 다른 사자와 목숨을 건 대결을 거듭한 사자의 경험이 승리의 열쇠가 되었다!

땅 위에서 제일 큰 짐승
아프리카코끼리

- 힘
- 포악성
- 순발력
- 스피드
- 방어력
- 공격력
- 지능
- 지구력

분　류	장비목 코끼리과 아프리카코끼리속
서식지	아프리카 중부~남부
식　성	초식(풀, 나뭇잎, 나무열매, 나무뿌리 등)
몸크기	몸길이 600~750cm　몸높이 320~400cm
체　중	4000~7500kg

지난 회 대결 >>> vs 멧돼지　⇒ P.102

자기 발 근처를 왔다 갔다 하는 작은 동물에게 아프리카코끼리는 전혀 흥미를 보이지 않았다. 그러나 멧돼지는 흥분해서 날카로운 엄니로 아프리카코끼리를 힘껏 물어뜯었다. 화가 난 아프리카코끼리는 긴 코로 멧돼지를 말아 올려 내동댕이쳤고 코로 눌러 안정적인 승리를 얻었다.

춘결승-1

대결 장소 초원

사자가 떼를 지어 아프리카코끼리를 사냥하는 경우는 있지만 혼자서는 얼마나 싸울 수 있을까? 사바나 초원의 진정한 왕의 자리를 건 대결!

배틀 씬 1

진지한 자세의 아프리카코끼리

지금까지의 대결에서는 전혀 싸울 생각이 없어 보이던 아프리카코끼리도 사자를 상대로는 방심하지 않고 긴 코와 엄니를 내밀며 돌진한다. 사자는 코끼리의 공격을 피해 뒤에서 달려들려고 한다.

거대한 몸집의 아프리카코끼리가 돌진!

돌진
아프리카코끼리의 거대한 몸집은 그 자체로 무기다. 부딪쳐서 날려 버리고 짓밟으면 아무도 일어나지 못한다.

LOCK ON!   LOCK ON!

입이 엄청 큰 강의 대장
하마

분　류	소목 하마과 하마속
서식지	아프리카 중부~남부
식　성	초식(주로 풀)
몸크기	몸길이 350~420cm　몸높이 130~163cm
체　중	1200~4000kg

지난 회 대결 》》》 VS 울버린　⇒ P.112

자기 머리보다 작은 울버린에게 방심했는지 하마는 전혀 경계하지 않고 다가간다. 반면 울버린은 하마에게 달려들어 등으로 기어 올라가 귀를 물어뜯기 시작했다! 하마는 등 위에서 날뛰는 울버린을 어떻게 할 수 없어 강으로 뛰어들었다. 울버린은 땅 위로 올라가려고 필사적으로 헤엄쳐 도망쳤다.

배틀 씬 2
하마의 박력에 북극곰도 쩔쩔매다

북극곰을 쫓아온 하마는 입을 크게 벌리고 엄니를 보이며 북극곰을 위협한다. 놀란 북극곰은 엉덩방아를 찧었다.

넘어져서 큰 위기를 맞게 된 북극곰!

하마의 위협
입을 크게 벌려 위협하는 행동은 엄니를 과시할 수 있을 뿐 아니라 몸도 더 커 보이게 하는 효과가 있다. 상대를 압박하는 효과는 상상 이상이다!

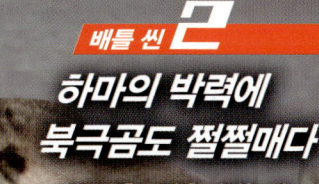
LOCK ON!

배틀 씬 3
위기의 북극곰이 맹반격!

일어선 북극곰은 필사적으로 날뛰었고, 휘두르던 앞발이 하마의 얼굴을 세게 쳐 하마는 오른쪽 눈에 부상을 입었다. 한쪽 눈을 잃은 하마는 점점 어려운 상황에 처하게 됐고, 머지않아 승부가 갈렸다.

북극곰의 승리!

동물 칼럼 5

사라진 최강 동물

오래전 지구에는 현재 존재하는 동물보다 더 크고 더 강력한 무기를 지닌 동물들이 자유롭게 돌아다녔다. 이제는 볼 수 없는 이런 동물들을 '멸종 동물'이라고 한다. 각 시기에 절대 강자였던 동물들을 소개한다.

연대			중요 사건
46억 년 전	중생대 이전 시대		생명의 조상이 태어나 점점 다양한 생물로 진화했다.
6600만 년 전	신생대	고제3기	공룡이 멸종한 직후 디아트리마와 같은 큰 새들이 많아졌다.
3390만 년 전			큰 포유류가 다수 나타났고 고양잇과 육식 동물의 조상들이 많아졌다.
2300만 년 전		신제3기	늑대와 비버의 조상이 등장했고 코끼리의 친척이 늘었다.
500만 년 전			날씨가 추워지면서 빙하기가 시작되었으며 인류의 조상(유인원)이 나타났다.
258만 년 전		제4기	사람의 조상(원시인)이 나타났고 매머드 등 추위에 강한 동물이 있었다.
1만 년 전~현재			빙하기가 끝나고 인류가 세계 각지로 퍼져 엄청난 발전을 이루었다.

왜 멸종되었을까?

환경 변화에 맞춰 바뀌지 못했다

기온 변화와 식량이 되는 식물의 변화 등에 적응하지 못한 경우. 유명한 예로 약 6600만 년 전 백악기 말기에 지구상에 많이 존재했던 공룡의 멸종이 있다. 지구에 거대 운석(지구에 떨어진 우주 바위)이 부딪쳐서 환경이 완전히 달라졌다는 설이 맞을 가능성이 높다.

다른 생물과의 경쟁에서 밀렸다

같은 장소에서 생활하던 동물들이 살 곳과 식량을 두고 경쟁한 결과, 한쪽이 진 경우.

사람에게 사냥당하고 쫓겨났다

식량용으로, 또는 위험하다고 사람에게 마구 사냥당하거나 사람들이 나무를 베고 도시를 만들어 환경이 크게 변해 살 곳을 잃어버린 경우.

스밀로돈(샤벨타이거)

2개의 검을 지닌 맹수

신생대~신제3기 후기부터 제4기에 걸쳐 번성한 고양잇과 육식동물. 길이 30cm 정도의 검과 같은 엄니를 가져서 '샤벨타이거(칼이빨호랑이)'라고도 불린다. 이 송곳니는 큰 동물을 쓰러뜨리기에 알맞은 무기로, 입을 크게 벌리고 사냥감의 몸에 꽂아 매머드도 쓰러뜨렸다고 한다!

식 성: 육식
몸길이: 190~220cm
체 중: 220~400kg

앤드류사르쿠스

가장 큰 턱을 가진 육식동물

신생대~고제3기 중반에 많이 살았다. 발견된 머리뼈의 길이는 83.4cm나 되며 땅 위에서 사는 육식 포유류 중 가장 큰 턱을 가지고 있었다고 여겨진다. 턱은 매우 튼튼하며 무는 힘이 강했을 것이다. 이 동물에 관해 알려진 바는 별로 없지만 악어처럼 무서운 포식자였을 것으로 추정된다.

식 성: 육식
몸길이: 380cm
체 중: 180~450kg

바실로사우르스

전설에 나오는 거대 바다뱀과 같은 괴물

신생대~고제3기 중기부터 후기에 걸쳐 살았던 고래의 친척. 악어같이 긴 턱에는 44개의 날카로운 이빨이 있어 욕심 많은 포식자였을 것이 틀림없다. 바실로사우르스는 가늘고 긴 몸을 구불거리며 자유자재로 헤엄쳐 다니며 포유류와 상어 같은 큰 먹잇감을 잡아먹은 옛 바다의 왕이었다.

식　성: 육식
몸길이: 1800~2100cm
체　중: 17~20t

성인 남성과의 비교

식　성: 초식
몸 길 이: 600~900cm
머리높이: 500~700cm
체　중: 15~20t

파라케라테리움

지상에서 가장 거대한 몸

어깨까지의 높이는 5.5m, 목을 똑바로 세우면 머리까지의 높이가 7m에 달한 가장 큰 육상 포유류. 코뿔소의 친척으로 신생대~고제3기 후기에 많이 살았다. 기린도 내려다볼 정도의 큰 몸으로 아프리카코끼리 이상의 힘을 가진 이 거대 동물에게는 당시 육식동물들의 엄니도, 발톱도 통하지 않았을 것이다.

성인 남성과의 비교

디아트리마

가장 힘세고 무서운 새

화식조나 타조와 같이 땅에서 사는 새의 친척. 고제3기 초기에 등장해 공룡이 멸종한 직후 지상의 지배자가 되었다. 두껍고 튼튼한 다리를 가졌으며 빠른 속도로 달려 먹잇감을 잡아서 20cm 이상이나 되는 거대한 부리로 먹어 치웠다.

식 성: 육식
몸길이: 150~250cm
체 중: 200~500kg

성인 남성과의 비교

매머드

엄청 큰 엄니를 가진 거대 동물

신생대~신제3기 후기부터 제4기에 걸쳐 많이 살았던 코끼리의 친척. 최대 5.2m에 달하는 크고 굽은 엄니를 가졌다. 아프리카코끼리에 맞먹는 몸에 엄청나게 긴 엄니를 가진 매머드는 당시 최강의 맹수 스밀로돈조차 목숨을 걸고 싸워야 이길 수 있는 최대 라이벌이었다.

식 성: 초식
몸길이: 450~540cm
체 중: 4500~5000kg

성인 남성과의 비교

결승

땅 위에서 제일 큰 짐승
아프리카코끼리

분 류	>>>	장비목 코끼리과 아프리카코끼리속
서식지	>>>	아프리카 중부~남부
식 성	>>>	초식(풀, 나뭇잎, 나무열매, 나무뿌리 등)
몸크기	>>>	몸길이 600~750cm 몸높이 320~400cm
체 중	>>>	4000~7500kg

침 · 포악성 · 순발력 · 스피드 · 방어력 · 공격력 · 지능 · 지구력

지난 회 대결 >>> vs 사자 ⇒ P.120

적극적으로 공격한 아프리카코끼리. 반면 사자는 아프리카코끼리를 피해 뒤로 돌아가서 등에 기어올라 물어뜯었다. 아프리카코끼리는 몸을 흔들었고, 사자를 떨어뜨려 위기에서 벗어난다. 그리고 떨어진 사자의 다리를 잡아 땅에 내리친 후 쓰러진 사자를 짓밟아 승리했다.

얼음 세계의 제왕
북극곰

성인 남성과의 비교

힘	포악성
지구력	순발력
지능	스피드
공격력	방어력

분류	>>>	식육목 곰과 곰속
서식지	>>>	북극해 연안
식성	>>>	잡식(포유류, 어류, 과일 등)
몸크기	>>>	몸길이 200~300cm
체중	>>>	200~800kg

지난 회 대결 >>> vs 하마

⇒ P.124

북극곰은 물속에 있는 하마에게 덤벼들었지만, 하마의 재빠른 움직임에 힘들어하며 땅으로 이동했다. 하마가 쫓아와 물가에서 싸우지만 여기서도 하마가 우세했다. 그러나 엉덩방아를 찧은 북극곰이 휘두른 앞발이 하마의 눈에 상처를 입혔고 하마는 한쪽 눈이 안 보이게 되어 거의 싸울 수 없었다.

대결을

스물네 마리의 동물들이 가진 진짜 실력은?

참가 동물들이 힘껏 싸운 대회는 끝이 났다. 그러나 토너먼트 방식이므로 대진 운이 좋지 않아서 실력을 충분히 발휘하지 못한 동물도 있을지 모른다. 여기서는 지금까지의 대결 내용을 통해 동물들의 진정한 실력을 살펴보기로 한다.

우선 우수한 성적을 거둔 4강 동물들을 보자. 아프리카코끼리, 북극곰, 사자, 하마는 각자 자기가 사는 곳에서 최강자로 알려져 있다. 그들은 어떠한 상대를 만나더라도 제 실력을 발휘해 좋은 성적을 올렸을 것이다.

실력을 제대로 발휘하지 못한, 운이 없던 선수……

순조롭게 실력을 발휘한 동물이 있는가 하면, 유감스러운 결과로 끝난 동물도 있다. 특히 1회전에서 진 백상아리는 그 능력을 생각하면 더 활약할 수 있었을 것이다. 4강에 남은 동물들을 쓰러뜨릴 가능성도 충분했다. 첫 상대가 물속 싸움에 능한 바다악어였던 게 불운이었다. 대진 운이 안 좋았다는 점에서는 흰코뿔소도 마찬가지다. 2회전에서 아프리카코끼리와의 힘대결에서 지긴 했지만, 다른 동물에게 힘에서 밀리는 경우는 없다. 대진 운이 괜찮았다면 더 좋은 결과가 나왔을지도 모른다.

마치며

큰 동물을 상대로 열심히 싸운 실력자

대결을 하는 데 있어 큰 몸집은 상당히 유리하다. 그러나 체격 차이를 극복하고 자기보다 큰 상대를 이긴 동물도 있다. 출전 동물 중에서 몸집이 작은 표범과 울버린의 싸움은 놀라웠다. 표범은 특유의 스피드로 아나콘다와 고릴라를 상대로 상처를 입어도 굴하지 않고 반격해서 승리했다. 울버린은 체중 차이가 스무 배 이상인 말코손바닥사슴과 맹독을 지닌 킹코브라에게 무서워하지 않고 덤벼들었으며, 킹코브라와의 싸움에서는 독니에 물리고도 상대를 쓰러뜨렸다.

아프리카코끼리의 뒤를 좇는 동물

최종적으로 어느 동물이 강한지 다시 평가해 봐도 역시 우승자인 아프리카코끼리가 부동의 1위. 자신의 힘을 다 발휘하지 않고도 토너먼트를 올라간 점만 봐도 격이 다른 실력을 가졌다고 할 수 있다.
4강에 올라간 북극곰, 사자, 하마, 거기에 사자와 뜨거운 대결을 펼친 시베리아호랑이와 엄청난 힘을 자랑하는 흰코뿔소가 아프리카코끼리의 뒤를 좇고 있다. 다시 한 번 대회를 열면 아마도 그들의 용감하고 사나운 모습을 볼 수 있을 것이다.

동물에 관한 지식이 깊어지는 용어집

동물의 크기를 재는 법과 동물 관련 중요한 용어를 설명한다. 전체 길이와 몸길이의 차이 등, 비슷한 용어의 정확한 뜻을 알아두자.

크기 재는 법

전체 길이	머리의 끝(코끝과 입 끝)부터 꼬리 끝까지의 길이
몸길이	전체에서 꼬리의 길이를 뺀 것
꼬리 길이	꼬리가 난 곳부터 꼬리 끝까지의 길이
신장	머리끝에서 땅까지의 높이. 주로 사람에게 사용한다
머리 높이	머리끝에서 땅까지의 높이. 주로 동물에게 사용한다
몸높이	머리끝 혹은 등의 가장 높은 곳에서 땅까지의 높이
날개 길이	날개를 가진 생물이 날개를 펼쳤을 때의 폭

용어

과시
자랑해 보이거나 실제보다 크게 나타내는 것. 하마가 입을 한껏 벌리거나 킹코브라가 목을 넓히는 것, 공작이 꼬리를 활짝 펴는 것 등이 이에 해당한다.

근연종
생물학적으로 가까운 관계인 종. 엄밀히 어느 범위까지를 가리키는지는 애매한 부분이 있다. 일반적으로 북극곰과 불곰은 근연종이다.

급소
조금만 다쳐도 목숨이 위험한 몸의 중요한 부분. 목 같은 부분이 상대적으로 약해 급소가 된다.

맹수
사자나 호랑이같이 주로 육식을 하는 사나운 짐승으로, 포식자와 같은 의미로도 쓰인다.

며느리발톱
인간의 엄지에 해당하는 부분. 갯나 고양잇과 등 여러 동물이 가지고 있다. 고양잇과 동물은 사냥할 때 며느리발톱으로 사냥감이 움직이지 못하게 꽉 누른다.

발굽
코끼리, 소, 말 등이 갖고 있는 크고 단단한 발톱. 땅을 꽉 밟아서 차는 힘이 제대로 전달되도록 하는, 빠르게 달리기 위해 발달한 발톱의 형태다.

비늘
몸의 바깥쪽을 덮고 있는 딱딱한 판 모양의 조직. 공격으로부터 몸을 보호한다. 대다수 어류와 파충류뿐 아니라 일부 포유류도 가지고 있다.

빙하기
날씨가 너무 추워져서 지구의 상당 부분에 얼음이 있던 시기. 이런 날씨 변화로 인해 동물들의 삶에도 큰 위기가 찾아왔다.

사바나
열대의 초원 지대. 비가 적은 건기와 우기가 있으며 우기에는 식물들이 무성하게 자란다. 일반적으로 아프리카 중앙부부터 남부에 걸쳐 펼쳐지는 초원 지대를 말한다.

생존경쟁
생물이 더 나은 삶의 조건을 얻기 위해 하는 다툼. 필요한 먹이나 생활공간이 부족해 나타나는 현상이다.

송곳니
앞니와 어금니 사이에 있는 끝이 뾰족한 이빨. 사람의 경우 입안 중앙에서 세 번째에 있다. 크게 발달한 것은 '엄니'라고 한다.

아열대
같은 기후 특성에 따라 열대, 온대, 한대로 나눴을 때 열대와 온대의 중간 지대. 대체로 위도 20~30도 사이로 건조 지역이 많다.

아한대
온대와 한대의 중간 지대로 위도 50~70도 사이. 겨울이 길다.

악력
물건을 잡는 힘. 사람과 원숭이, 고릴라 등을 뺀 대부분 동물은 물건을 잡을 수 없으므로 악력이 없다.

압박
강한 힘으로 내리누르거나 기운을 제대로 못 쓰게 하는 것. 덩치가 크고 힘이 센 코끼리는 다가가는 것만으로도 다른 동물을 압박할 수 있다.

양서류
물과 땅 양쪽에서 살 수 있지만 완전히 물에서 떨어져서는 살기 어려운 생물. 개구리가 양서류다.

어류
척추동물의 일종. 아가미가 있어 물속에서 호흡이 가능하고 기본적으로 물속에서 산다. 몸은 비늘로 덮여 있다.

엄니
크게 발달한 이빨. 혹은 같은 역할을 하는 기관. 사자나 호랑이와 같이 입안에 있거나 코끼리처럼 밖으로 튀어나온 경우가 있다.

영역싸움
한 동물, 혹은 무리가 차지한 땅에서 다른 동물을 내쫓기 위해 싸우는 것. 안전과 식량 때문인 경우가 많다. 이렇게 해서 차지한 영역을 '세력권'이라고 한다.

위협
몸을 크게 보인다든지 큰 소리를 내 상대가 놀라게 만드는 행동. 경고용으로, 위협이 통하지 않으면 직접 공격을 한다.

육식
동물의 살이나 곤충 등을 먹는 것. 사냥으로 다른 동물을 잡거나 시체를 먹는 등, 식량을 얻는 방법은 다양하다.

인류
사람을 다른 동물과 구별하여 이르는 말.

잡식
식물을 먹거나(초식) 동물의 살이나 곤충 등 고기를 먹는 것(육식)이 섞인 것. 어느 쪽을 더 먹는지는 동물마다 다르다.

조류
날개와 깃털이 있으며 대부분 하늘을 날 수 있다. 물론 날지 못하는 새도 있다. 체온을 일정하게 유지할 수 있다.

진화
생물이 생겨난 이후 온도나 환경 등에 따라 점진적으로 변해가는 현상.

질식
호흡을 못하게 되는 것. 질식이 원인이 되어 죽으면 질식사라고 한다. 육식동물은 사냥할 때 사냥감의 목을 물어 질식사시키는 경우가 많다.

척추
등뼈. 척추가 있으면 척추동물, 없으면 무척추동물이라고 한다. 포유류, 조류, 파충류, 양서류, 어류는 척추동물이다.

초식
풀과 나무껍질, 과일 등 식물을 주로 먹는 것을 말한다. 단 초식동물이라도 가끔 고기를 먹는 경우도 있다.

침엽수림
잎이 바늘처럼 가늘고 길며 끝이 뾰족한 나무. 소나무, 잣나무가 대표적이다.

토너먼트
시합을 할 때마다 진 편은 빼고 이긴 편끼리 싸워 최후에 남은 두 편이 우승을 다투는 방식.

파충류
몸이 비늘로 싸여 있으며 알을 낳는다. 도마뱀, 악어, 뱀, 거북 등이 포함된다.

패혈증
몸 안에 독성이 강한 세균이 들어와서 일어나는 쇼크 증상. 열이 나고 생각을 못하고 많이 아파진다. 심하면 죽는 경우도 있다.

포식자
다른 동물을 잡아먹는 동물. 육식동물과 거의 같은 의미지만 독수리나 콘도르같이 주로 시체 고기를 뜯어먹는 동물은 엄밀히 말해 포식자는 아니다.

헤비급
권투나 레슬링같이 몸을 부딪쳐 싸우는 시합에서 선수의 몸무게에 따라 나눈 등급 가운데 가장 무거운 쪽.

더 알아보는
동물 정보

여기서는 토너먼트, 시범 경기, 그 외 칼럼 등에 등장한 동물들을 소개한다.

토너먼트

붉은캥거루　26・64 쪽

뒷발을 모아 힘껏 땅을 차서 연속으로 점프하면서 이동한다. 점프력은 거리로 8m, 높이는 2m에 달한다. 암컷 배에는 육아낭이라는 주머니가 있으며 이 안에서 새끼를 키운다.

- 서식지 >>> 오스트레일리아
- 몸크기 >>> 몸길이 75~160cm
  꼬리 길이 65~120cm
- 체중 >>> 17~90kg

아나콘다　33・73 쪽

물속 생활을 즐기며, 눈과 콧구멍만을 물 밖으로 내밀고 사냥감을 숨어서 기다린다. 턱 근육이 잘 늘어나 입을 크게 벌릴 수 있어 소와 멧돼지 같은 큰 동물도 씹지 않고 통째로 삼킨다.

- 서식지 >>> 남아메리카(아마존 강 유역, 브라질 동부, 베네수엘라)
- 몸크기 >>> 전체 길이 500~600cm 최대 900cm
- 체중 >>> 100~250kg

아프리카코끼리　60・100・119・130 쪽

땅 위에서 가장 큰 동물. 몸이 큰 만큼 에너지가 많이 필요해 하루에 140kg이나 먹는다. 암컷은 새끼들을 데리고 열 마리 정도의 무리를 짓는데, 다 큰 수컷은 무리를 나가서 혼자 사는 경우가 많다.

- 서식지 >>> 아프리카 중부 ~ 남부
- 몸크기 >>> 몸길이 600~750cm
  몸높이 320~400cm
- 체중 >>> 4000~7500kg

알래스카불곰　52・96 쪽

불곰 중 가장 큰데 시식지 이름을 따서 코디악불곰이라고도 불린다. 잡식성으로 나무열매나 다른 동물 등을 다양하게 먹으며, 특히 연어를 좋아한다. 겨울잠을 준비하는 가을에는 하루에 40kg이나 먹는다고 한다.

©Yathin S Krishnappa

- 서식지 >>> 북아메리카 북서부(알래스카)
- 몸크기 >>> 몸길이 180~300cm
  꼬리 길이 6~15cm
- 체중 >>> 120~540kg

멧돼지　65・101・119 쪽

전 세계에 고루 사는 동물로 멧돼지를 길들여서 가축으로 만든 것이 돼지다. 잡식성으로 식물 뿌리와 과일, 죽은 동물 등 무엇이든 먹지만 초식성이 강하다. 적과 싸울 때 돌진해서 몸으로 들이받는다.

©Richard Bartz, Munich Makro Freak

- 서식지 >>> 유럽, 아시아, 아프리카
- 몸크기 >>> 몸길이 120~180cm
  몸높이 60~110cm
- 체중 >>> 50~200kg

바다악어　19・56・97 쪽

헤엄을 잘 친다. 땅에서 멀리 떨어진 바다에서 헤엄치는 모습도 종종 관찰된다. 사냥감은 물가로 다가오는 동물들. 사람도 공격해 아프리카 나일악어와 함께 사람을 해치는 위험한 악어로 유명하다.

- 서식지 >>> 동남아시아, 오스트레일리아 주변
- 몸크기 >>> 전체 길이 500~700cm
- 체중 >>> 450~1000kg

늑대 40·81쪽

4~8마리 정도의 작은 무리를 이뤄 동료와 함께 사냥을 하고 새끼를 키운다. 사냥감을 구하러 하루에 20km 이상을 이동하기도 하며, 발견한 사냥감을 7시간 이상 추적해 공격 기회를 엿볼 만큼 끈질긴 면이 있다.

- 서식지 >>> 북반구 일대
- 몸크기 >>> 몸길이 100~160cm
  꼬리 길이 30~56cm
- 체중 >>> 25~80kg

인도들소 41·81·110쪽

말레이시아에서는 셀라당이라고 부른다. 호랑이도 두려워하는 괴물이다. 열 마리 정도의 무리를 지어서 숲에서 생활한다. 다른 종류의 야생소와 아시아코끼리와 같이 사는 경우도 있다.

- 서식지 >>> 인도, 동남아시아
- 몸크기 >>> 몸길이 240~330cm
  꼬리 길이 165~220cm
- 체중 >>> 580~1000kg

하마 80·110·123·131쪽

헤엄을 잘 치며, 하루의 대부분을 물속에서 지내다 해질녘이 되면 식사를 하기 위해 물에서 나와 풀밭으로 이동한다. 몸 표면에서 피부를 지키기 위해 빨간 액체를 내기 때문에, 옛날에는 '피땀'을 흘린다고 여겨졌다.

- 서식지 >>> 아프리카 중부~남부
- 몸크기 >>> 몸길이 350~420cm
  몸높이 130~163cm
- 체중 >>> 1200~4000kg

기린 77·107쪽

다른 동물과는 비교가 되지 않을 정도로 긴 목이 특징이지만, 목뼈는 7개로 사람의 목뼈 수와 같다. 6~10마리가 무리를 지어 생활하고, 목을 늘려서 높은 나무의 잎을 따 먹는다. 잠자는 시간이 매우 짧은데 길어 봐야 1시간 정도라고 한다.

- 서식지 >>> 아프리카 중부~남부
- 몸크기 >>> 몸높이 250~370cm
  머리 높이 450~590cm
- 체중 >>> 600~1800kg

킹코브라 85·111쪽

가장 큰 독사로 한 번 물 때 주입되는 독의 양이 엄청나다. 암컷이 알을 지키는데 이 시기에는 특히 사나우므로 위험하다. 도마뱀과 포유류 등의 작은 동물을 먹잇감으로 삼는데, 특히 다른 종류의 뱀을 즐겨 먹는다.

- 서식지 >>> 인도, 동남아시아
- 몸크기 >>> 전체 길이 300~560cm
- 체중 >>> 9kg

울버린 44·84·111·123쪽

족제빗과 동물인데 몸 형태는 날렵하기보다 곰과 같이 튼튼해 보인다. 깊고 울창한 침엽수림에서 생활한다. 매우 사나우며 욕심이 많아 자기보다 큰 사냥감을 공격하기도 하고, 다른 맹수에게서 사냥감을 빼앗기도 한다.

- 서식지 >>> 유럽 북부, 아시아, 북아메리카
- 몸크기 >>> 몸길이 65~105cm
  꼬리 길이 17~26cm
- 체중 >>> 10~32kg

토너먼트

코모도왕도마뱀

15 · 53 쪽

죽은 동물의 고기나 곤충, 파충류, 조류, 사슴이나 물소 등 대형 포유류까지 아무것이나 사냥해 잡아먹는다. 입안에 독성이 강한 부패균이 있어 물리면 쇼크 증상을 일으켜 죽게 된다.

- 서식지 >>> 인도네시아(코모도 섬, 린차 섬, 플로레스 섬 등)
- 몸크기 >>> 전체 길이 200~320cm
- 체중 >>> 70~160kg

©Appaloosa

시베리아호랑이

57 · 97 · 118 쪽

고양잇과에서 가장 큰 동물. 아무르호랑이라고도 불린다. 기온이 낮은 곳에서 살기 때문에 다른 호랑이보다 털이 길다. 혼자 생활하는 사나운 사냥꾼으로 멧돼지나 사슴, 곰 같은 여러 종류의 동물을 잡아먹는다.

- 서식지 >>> 아시아 동부
- 몸크기 >>> 몸길이 170~230cm / 꼬리 길이 95~120cm
- 체중 >>> 150~300kg

©Kwh

흰코뿔소

22 · 61 · 100 쪽

최대 스무 마리 정도의 무리를 이루며 풀이 많은 초원에서 생활한다. 입 끝은 근연종인 검은코뿔소에 비하면 폭이 넓고 땅에 난 풀을 잡아 뽑기 적합한 형태로 되어 있다.

- 서식지 >>> 아프리카 중부~남부
- 몸크기 >>> 몸길이 340~420cm / 몸높이 150~190cm
- 체중 >>> 1400~3600kg

©Captain Budd Christman, NOAA Corps

바다코끼리

36 · 76 쪽

수백 마리가 무리를 이뤄 살고, 강한 수컷이 많은 암컷을 차지한다. 2개의 긴 엄니는 얼음을 판다든지 바다에서 몸을 끌어 올릴 때 도움이 되며, 싸울 때는 무기가 된다. 엄니는 평생 자라며 길이는 1m가 넘는다.

- 서식지 >>> 북아메리카(캐나다, 알래스카 서부), 그린란드, 유라시아 대륙 북부
- 몸크기 >>> 전체 길이 260~360cm
- 체중 >>> 800~1500kg

©Falense

치타

23 · 61 쪽

가장 빨리 달릴 수 있는 동물. 풀밭에 숨어 사냥감에게 접근한다. 상대방을 쓰러뜨려 놓고 나서 목을 물어 질식사시킨다. 수컷은 형제와 적은 수의 무리를 이루는 경우가 있지만 암컷은 기본적으로 홀로 산다.

- 서식지 >>> 아프리카, 이란 북부
- 몸크기 >>> 몸길이 110~150cm / 꼬리 길이 60~90cm
- 체중 >>> 40~70kg

©Michael Schmid

화식조

27 · 64 · 101 쪽

땅 위 생활에 맞춰 변화한, 날 수 없는 새의 친척으로 아시아에서는 가장 큰 새다. 다리 힘이 강하고 시속 50km로 달릴 수 있으며, 먹이를 찾아 하루에 20km 이상이나 이동한다. 잡식성으로 나무열매를 좋아하며 독이 있는 과일도 먹을 수 있다.

- 서식지 >>> 인도네시아, 뉴기니, 오스트레일리아 북동부
- 몸크기 >>> 전체 길이 130~190cm
- 체중 >>> 30~85kg

표범

32 · 73 · 106 · 122 쪽

덤불 속에 몸을 감추고 있다가 사냥감을 덮치거나 나무 위에서 뛰어내려 사냥을 한다. 턱의 힘이 강해 자신의 몸무게와 같은 무게의 사냥감도 나무 위로 끌어 올린다.

- 서식지 >>> 아프리카 남부, 아시아 남부·동부
- 몸크기 >>> 몸길이 100~190cm 꼬리 길이 58~110cm
- 체중 >>> 30~90kg

©Patrick Giraud

말코손바닥사슴

45 · 84 쪽

열 마리 정도의 무리를 이뤄 생활한다. 나뭇잎이나 나무껍질을 주로 먹는다. 수초도 좋아해서 수초를 찾아 5m나 물속으로 들어가는 경우도 있다. 수컷의 머리에는 거대한 뿔이 있으며, 영역 다툼을 하거나 적에게 공격당했을 때는 뿔을 들이밀며 싸운다.

- 서식지 >>> 아시아 북부, 유럽 북부, 북아메리카
- 몸크기 >>> 몸길이 240~310cm 몸높이 140~220cm
- 체중 >>> 200~820kg

북극곰

37 · 76 · 107 · 122 · 131 쪽

긴 털과 두꺼운 지방층 덕에 추위에 강하다. 주된 사냥감은 물개로 얼음 위에서 쉬고 있는 것을 공격하든지, 바다에서 올라오는 것을 기다려 잡는다. 엄청난 양을 먹는데 죽은 고래를 며칠 걸려서 먹어 치우는 경우도 있다.

- 서식지 >>> 북극해 연안
- 몸크기 >>> 몸길이 200~300cm
- 체중 >>> 200~800kg

©Alan D. Wilson

백상아리

18 · 56 쪽

물개나 고래 등 큰 포유류를 사냥하며, 인간을 공격하기도 하는 사나운 상어. 헤엄을 매우 잘 치며 사냥감을 쫓아 물 표면으로 솟구치는 경우도 있다. 자기 몸무게의 30퍼센트 정도의 고기를 한 끼 식사로 먹는다.

- 서식지 >>> 아열대부터 아한대까지의 전 세계 바다
- 몸크기 >>> 전체 길이 400~800cm
- 체중 >>> 700~2300kg

©Pterantula (Terry Goss)

마운틴고릴라

72 · 106 쪽

성장한 수컷은 등의 털이 하얗게 되기에 '실버백'이라고도 불린다. 열 마리 정도의 무리를 지으며, 식물의 잎이나 과일, 곤충 등을 먹으며 생활한다. 온화하며 싸움을 싫어하지만 적이 가까이 다가오면 크게 소리 치거나 가슴을 두드려 놀라게 해 쫓아낸다.

- 서식지 >>> 아프리카 중동부(자이르, 르완다, 우간다)
- 몸크기 >>> 신장 150~180cm
- 체중 >>> 90~220kg

사자

14 · 53 · 96 · 118 · 130 쪽

사자는 '프라이드'라고 불리는 무리를 만들어 생활한다. 보통 무리에는 1~3마리의 수컷, 열 마리 정도의 암컷과 새끼들이 있다. 암컷이 사냥을 하며, 누구든가 얼룩말 같은 큰 초식동물을 노린다. 수컷은 다른 수컷으로부터 무리를 지킨다.

- 서식지 >>> 아프리카 중부~남부, 인도 남부
- 몸크기 >>> 몸길이 140~250cm 꼬리 길이 65~105cm
- 체중 >>> 120~250kg

©Kevin Pluck

시범경기

검독수리 — 114쪽

초원이나 밀림에 사는 큰 독수리. 사냥할 때의 속도는 시속 240km에 달한다. 주로 토끼나 다람쥐와 같은 작은 포유류를 잡아먹는다.
©Rocky

범고래 — 91쪽
약 2~40마리 정도가 무리를 지어 생활한다. 머리가 좋고 집단으로 사냥을 한다. 물개, 바다사자, 상어, 고래까지 잡아먹는 왕성한 식욕의 사냥꾼이다.

향유고래 — 90쪽

이빨을 가진 동물로는 세상에서 가장 크다. 암컷은 무리를 만들고, 수컷은 홀로 생활한다. 1000m 이상의 깊은 바다로 들어가 대왕오징어를 잡아먹는다.
©Gabriel Barathieu

수리부엉이 — 115쪽

밤에 움직이며 어두운 곳에서도 잘 볼 수 있다. 거의 소리를 내지 않고 날아가 작은 포유류나 여우, 사슴을 사냥한다.
©Softeis

기타

노랑가오리 — 89쪽

앤드류사르쿠스 — 127쪽

스컹크 — 89쪽

스밀로돈 — 127쪽

디아트리마 — 129쪽

전기뱀장어 — 89쪽

바실로사우르스 — 128쪽

파라케라테리움 — 128쪽

매머드 — 129쪽

호저 — 88쪽

꿀먹이오소리 — 88쪽

링크할스 — 89쪽

참고문헌

『맹수가 만약 싸운다면』
Ohara Hideo 저 (Kosaido-pub.)

『동물 (소학관 도감 NEO)』
(Shougakukan)

『세계 동물 대도감 - ANIMAL DK book series』
David Burnie, Hidaka Toshitaka 편집 (Neko・publishing)

『학연의 도감 LIVE 동물』
Imaizumi Tadaaki 감수 (Gakken Marketings)

『동물들의 진짜 크기를 알아보는 동물원』
Komiya Teruyuki 감수, Hukuda Toyohumi 사진 (Gakken Marketings)

『더 알고 싶어! 동물들의 진짜 크기를 알아보는 동물원』
Komiya Teruyuki 감수, Takaoka Kamasae 저, Matsuhashi Toshimitsu 사진 (Gakken Marketings)

『위험 생물 백과사전』
Saneyoshi Tatsuo 저 (Poplar co.)

『진짜 존재하는 세계의「매우 위험한 생물」안내』
Saneyoshi Tatsuo 저 (Kasakura-pub.)

『진짜 존재하는 지구의「거대 생물」안내』
Saneyoshi Tatsuo 저 (Kasakura-pub.)

『아주 위험한 생물』
위험생물연구회 저 (Gakken education pub.)

『위험 생물 대백과사전』
Takeda Masatsune 감수, Imaizumi Tadaaki 감수, Okajima Shuji (Gakken education pub.)

『위험 동물과 싸우는 법 매뉴얼 (「혹시?」도감)』
Imaizumi Tadaaki 저・감수 (Jitsugyou no nihon co.)

『가장 무서운 맹독 동물 50』
Imaizumi Tadaaki 저 (Softbank creative)

※이 외에도 많은 책과
웹사이트를 참고하였습니다.

【감수】
Saneyoshi Tatsuo

동물학자이자 동물 전문 작가인 Saneyoshi Tatsuo 선생님은 1929년에 히로시마에서 태어났습니다. 도쿄 농업대학을 졸업하고 노게야마 동물원에서 근무했습니다. 1955년부터 1962년까지는 브라질에서 여러 동물을 연구했고, 일본으로 돌아온 뒤로는 동물 관련 책과 논픽션을 쓰는 작가로 활동하고 있습니다. 『동물해체신서』(Shinkigensya), 『너무나 재미있는 동물기』(Softbank creative) 등 80권이 넘는 책을 썼습니다.

【번역】
허재원

어린 시절 일본에서 생활하면서 일본의 문화와 사회를 접한 허재원 선생님은 대학을 졸업한 후 다시 일본으로 건너가 도쿄 대학교 공과대학 석·박사 과정을 수료하고, 현재는 다양한 일한·한일 번역 작업에 몰두하고 있습니다.

최강동물왕

지은이 학연 컨텐츠 개발팀
감수 Saneyoshi Tatsuo
펴낸이 정규도
펴낸곳 (주)다락원

초판 1쇄 발행 2016년 5월 5일
초판 14쇄 발행 2025년 3월 1일

편집 허윤영, 심은정
디자인 하태호, 조수영

ISBN 978-89-277-0077-7 76490

사용 연령 만 5세 이상

다락원 경기도 파주시 문발로 211
내용문의: (02)736-2031 내선 520
구입문의: (02)736-2031 내선 250~252
Fax: (02)732-2037
출판등록 1977년 9월 16일 제406-2008-000007호

저자 및 출판사의 허락 없이 이 책의 일부 또는 전부를 무단 복제·전재·발췌할 수 없습니다. 구입 후 철회는 회사 내규에 부합하는 경우에 가능하므로 구입처에 문의하시기 바랍니다. 분실·파손 등에 따른 소비자 피해에 대해서는 공정거래위원회에서 고시한 소비자 분쟁 해결 기준에 따라 보상 가능합니다. 잘못된 책은 바꿔 드립니다.
www.darakwon.co.kr

Doubutsu Saikyou Ou Zukan
©Gakken
First published in Japan 2015 by Gakken Education Publishing Co., Ltd., Tokyo
Korean translation rights arranged with Gakken Plus Co., Ltd. through Imprima Korea Agency

이 책의 한국어판 저작권은 임프리마 코리아 에이전시를 통해 저작권자와 독점 계약한 도서출판 다락원에 있습니다. 저작권법에 의해 한국 내에서 보호를 받는 저작물이므로 저자 및 출판사의 허락 없이 이 책의 일부 또는 전부의 무단 전재 및 복제를 금합니다.